T0194123

essentials

essentials liefern aktuelles Wissen in konzentrierter Form. Die Essenz dessen, worauf es als „State-of-the-Art" in der gegenwärtigen Fachdiskussion oder in der Praxis ankommt. *essentials* informieren schnell, unkompliziert und verständlich

- als Einführung in ein aktuelles Thema aus Ihrem Fachgebiet
- als Einstieg in ein für Sie noch unbekanntes Themenfeld
- als Einblick, um zum Thema mitreden zu können

Die Bücher in elektronischer und gedruckter Form bringen das Expertenwissen von Springer-Fachautoren kompakt zur Darstellung. Sie sind besonders für die Nutzung als eBook auf Tablet-PCs, eBook-Readern und Smartphones geeignet. *essentials:* Wissensbausteine aus den Wirtschafts-, Sozial- und Geisteswissenschaften, aus Technik und Naturwissenschaften sowie aus Medizin, Psychologie und Gesundheitsberufen. Von renommierten Autoren aller Springer-Verlagsmarken.

Weitere Bände in der Reihe http://www.springer.com/series/13088

Sören Ahlfs · Alexander Goudz ·
Martin Streichfuss

Die Brennstoffzelle

Eine technische und logistische
Betrachtung sowie deren
Anwendung im ÖPNV

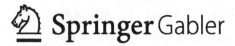

Sören Ahlfs
Lehrstuhl für Betriebswirtschaftslehre,
insbesondere Produktion und Logistik
FernUniversität in Hagen
Hagen, Deutschland

Alexander Goudz
Lehrstuhl Transportsysteme und
-logistik, Universität Duisburg-Essen
Duisburg, Deutschland

Martin Streichfuss
Roland Berger GmbH
Düsseldorf, Deutschland

ISSN 2197-6708   ISSN 2197-6716   (electronic)
essentials
ISBN 978-3-658-30187-3   ISBN 978-3-658-30188-0   (eBook)
https://doi.org/10.1007/978-3-658-30188-0

Die Deutsche Nationalbibliothek verzeichnet diese Publikation in der Deutschen Nationalbiblio-grafie; detaillierte bibliografische Daten sind im Internet über http://dnb.d-nb.de abrufbar.

Planung/Lektorat: Susanne Kramer
Springer Gabler ist ein Imprint der eingetragenen Gesellschaft Springer Fachmedien Wiesbaden GmbH und ist ein Teil von Springer Nature.
Die Anschrift der Gesellschaft ist: Abraham-Lincoln-Str. 46, 65189 Wiesbaden, Germany

Was Sie in diesem *essential* finden können

- Die Betrachtung der Wertschöpfungsketten der Brennstoffzelle, des Wasserstoffes sowie der Lithium-Ionen-Batterie.
- In der Analyse der Supply Chain liegt der Schwerpunkt auf den Rohstoffen, der Produktion sowie dem Recyclingprozess.
- Ein Anwendungsbeispiel einer Busstrecke, die den Brennstoffzellen-Bus und den Batterie-Elektrobus miteinander vergleicht. Dabei werden Emissionen, Rohstoffe und die Wirtschaftlichkeit betrachtet.

Vorwort

Die derzeitige Situation in den Medien und der Fachpresse lässt erkennen, dass es in der Mobilität auf allen Ebenen eine Änderung geben wird. Durch günstige Flüge ist der Reiseradius deutlich größer geworden, die Führerscheinquote in den Großstädten geht zurück und das Auto ist oftmals kein Statussymbol mehr. Die Sharing Economy nimmt immer mehr zu und setzt dabei auf den Elektroantrieb. Es gibt sehr viele verschiedene Ansätze. Jetzt gilt es zu entscheiden, welche Entwicklungen sich als zukunftstauglich erweisen und durchsetzen werden. In diesem *essential* wird ein möglicher Weg der Entscheidungsfindung getroffen. Dabei spielen neben den wirtschaftlichen Entscheidungsfaktoren auch ökologische Kriterien eine wichtige Rolle.

Sören Ahlfs
Dr.-Ing. Alexander Goudz
Prof. h.c. Dr.-Ing. Martin Streichfuss

Einleitung

Der aktuellen Fachpresse ist zu entnehmen, dass die Brennstoffzelle immer mehr in den Vordergrund rückt und seit ca. Anfang 2019 eine interessante Debatte ausgelöst hat. Volkswagen-Chef Herbert Diess distanziert sich deutlich von der Brennstoffzellen-Technologie, während BMW und Daimler weiter daran forschen. BMW stellte auf der Internationalen Automobil-Ausstellung (IAA) 2019 in Frankfurt eine neue Studie zu Brennstoffzellenautos vor. Herbert Diess kritisierte dabei den sehr hohen Stromverbrauch, der zur Herstellung von Wasserstoff benötigt wird (Vgl. Seiwert 2019). Auch Autoexperte Professor Dr. Ferdinand Dudenhöffer kritisiert die Brennstofftechnologie und setzt auf batteriebetriebene Fahrzeuge, um die EU-Klimavorgaben für Automobilhersteller zu erreichen. Das erste Serien-Brennstoffzellenauto, der Toyota Mirai, kostet ca. 80.000 EUR und ist somit viel zu teuer für ein Auto der Mittelklasse mit der Größe eines VW Golfs (Vgl. Dudenhöffer 2019). Grundsätzlich liegen diese hohen Preise für Brennstoffzellenfahrzeuge (FCEV) an der geringen Stückzahl (Vgl. Hensolt 2019). Der Grund für die geringen Stückzahlen ist, dass in der Vergangenheit ein Mangel an Tankstellen für Wasserstoff herrschte. Folglich sind kaum Kunden bereit, die hohen Anschaffungskosten für ein FC-Auto zu tragen. Dietmar Zetsche beschrieb dieses Problem 2014 als „das Henne-Ei-Problem, [...] solange es kein enges Tankstellennetz gibt, kann man kaum Brennstoffzellenautos verkaufen. Aber wer soll in Wasserstoffzapfsäulen investieren, wenn es an Kunden mangelt?" (Hawranke, Wagner 2014). Um dieses Problem zu lösen, haben unter anderem Daimler, Linde und die H^2 Mobility-Initiative begonnen, eine Wasserstofftankstellenstruktur aufzubauen (Vgl. Hawranke, Wagner 2014).

Im Bereich des öffentlichen Personennahverkehrs (ÖPNV) spielt die Brennstoffzellentechnologie bereits seit einiger Zeit eine wichtige Rolle, beispielsweise in NRW, wo die Regionalverkehr Köln GmbH (RVK) 2011 mit einem Demonstrationsprojekt für Brennstoffzellen-Busse begonnen hat. Die Prototypen wurden 2014 durch Vorserienfahrzeuge des Unternehmens Van Hool ersetzt. Für die Jahre 2019 und 2020 sind 30 weitere Wasserstoffbusse für den Fuhrpark der RVK geplant. Die Wuppertaler Stadtwerke haben ebenfalls Busse bei Van Hool bestellt (Vgl. o. V. 2019). Es ergibt sich die Fragestellung, weshalb im Bereich des öffentlichen Personennahverkehrs die Brennstoffzelle eingesetzt wird, in anderen Bereichen des Personenverkehrs jedoch noch nicht beziehungsweise nur teilweise. Dementsprechend ist es von Interesse, welche Vorteile die Brennstoffzelle in Bussen im Vergleich zum Einsatz der Batterietechnologie bietet.

Ziel dieses *essentials* ist es, die Technologie der Brennstoffzelle möglichst vollständig zu durchleuchten sowie den aktuellen Stand der Forschung, Entwicklung und Nutzung darzustellen. Dabei sollen möglichst alle Komponenten der Brennstoffzelle betrachtet werden. Eine Komponente ist dabei auch die Lithium-Ionen-Batterie, die zur Speicherung regenerativer Energie genutzt wird. Außerdem zählen auch die notwendigen Rohstoffe und deren Beschaffungslogistik dazu. Des Weiteren sind die Versorgungslogistik und die Herstellung des Wasserstoffs zu betrachten. Zudem ist zu prüfen, welche Herausforderungen bei dem Recycling-Prozess zu erwarten sind. Abschließend soll die Anwendung von Brennstoffzellen-Bussen im öffentlichen Personennahverkehr mit der Anwendung der batteriebetriebenen Elektrobusse verglichen werden. Neben Kosten werden dabei auch Emissionen und Rohstoffmengen miteinander verglichen.

Folgende Forschungsfragen sind zu beantworten: Welche technischen und logistischen Herausforderungen sind bei der Brennstoffzellentechnologie in der Herstellung, der Supply-Chain, der Infrastruktur, der Anwendung und bei der Entsorgungslogistik zu erwarten? Ist der Brennstoffzellen-Bus gegenüber dem Batterie-Elektrobus bezogen auf Kosten, Emissionen und Rohstoffverbräuchen vorteilhaft?

Wie auch bei vielen anderen technischen Produkten spielt die Logistik über die gesamte Wertschöpfungskette der Brennstoffzelle, des Wasserstoffs und der Batterie eine wichtige Rolle. Während der Produktion der Brennstoffzelle und der Batterie wird die versorgungssichere Beschaffungslogistik, aber auch eine gut funktionierende Produktionslogistik betrachtet. Dieselben logistischen Fachdisziplinen werden bei der Herstellung des Wasserstoffs verwendet. Der Transport und die Speicherung des Wasserstoffs erfordert umfangreiche Kenntnisse und Fachwissen über dieses chemische Element. Temperaturen und Drücke haben einen direkten Einfluss auf die Energiedichte, sodass eine falsche Handhabung bei der Speicherung und dem Transport schnell zu Energieverlusten führen kann (Vgl. Klell et al. 2018, S. 113 ff.). Abschließend wird die Entsorgungslogistik betrachtet. In der heutigen Zeit ist es besonders wichtig, für den gesamten Produktlebenszyklus eine hohe Recyclingquote zu erreichen. Dadurch kann der eventuelle Abbau fossiler oder seltener Rohstoffe verringert werden. Nur in Ausnahmefällen sollten Materialrückstände endgültig beseitigt werden. Die Anwendung im öffentlichen Personennahverkehr zählt zum Verkehr und ist ein Funktionsbereich der Logistik (Vgl. Muchna et al. 2018, S. 13 f.). Während der Nutzungsphase der Brennstoffzelle im ÖPNV spielt die Versorgungslogistik des Wasserstoffs eine primäre Rolle. Ohne eine funktionierende Tankstelleninfrastruktur kann die Technologie nicht verwendet werden.

Der Aufbau der Wertschöpfungsketten der Komponenten ist immer identisch und beginnt mit der Beschaffungslogistik, also den Rohstoffen. Anschließend wird auf die Produktion eingegangen und abschließend auf den Recycling-Prozess, der die Entsorgungslogistik beinhaltet. Die Anwendung im öffentlichen Personennahverkehr wird anhand einer realitätsnahen beispielhaften Busstrecke beschrieben. Dabei wird der Busbetrieb mit Brennstoffzellen-Bussen, mit dem Busbetrieb mittels Batterie-Elektrobussen, verglichen. Abschließend erfolgt die Gegenüberstellung der beiden Technologien hinsichtlich Kosten, Emissionen und Rohstoffverbräuchen.

Inhaltsverzeichnis

Analyse der Wertschöpfungsketten

1

Dieses Kapitel stellt den aktuellen Stand in den Wertschöpfungsketten der Komponenten dar. Aufgrund der Länge und der Komplexität der Wertschöpfungsketten soll der Fokus hier nur auf der Beschaffungslogistik liegen.

1.1 Wasserstoff

In diesem Kapitel wird auf die derzeitigen und zukünftigen Herstellverfahren eingegangen. Anschließend werden der Transport und die Speicherung des Wasserstoffs beschrieben. Da der Fokus hier auf der Brennstoffzelle sowie dem Wasserstoff und deren Anwendung liegt, wird auf den eigentlichen ersten Schritt der Wertschöpfungskette, der Stromerzeugung durch erneuerbare Energien und der damit verbundene Planungs- und Ausbauprozess, nicht näher eingegangen.

1.1.1 Produktion

An zweiter Stelle der Wertschöpfungskette steht die Produktion des Wasserstoffes. Die verschiedenen Verfahren zur Herstellung und die Herstellung als Nebenprodukt bei petrochemischen Prozessen haben unterschiedliche Emissionen und Energieverbräuche. Gerade bei der Herstellung wird derzeit sehr viel geforscht, um den Wirkungsgrad zu verbessern. In Abb. 1.1 sind alle Verfahren zur Herstellung von Wasserstoff dargestellt. Der hohe Forschungsaufwand ermöglicht neue, optimierte Verfahren zur Herstellung von Wasserstoff.

© Der/die Herausgeber bzw. der/die Autor(en), exklusiv lizenziert durch
Springer Fachmedien Wiesbaden GmbH, ein Teil von Springer Nature 2020
S. Ahlfs et al., *Die Brennstoffzelle*, essentials,
https://doi.org/10.1007/978-3-658-30188-0_1

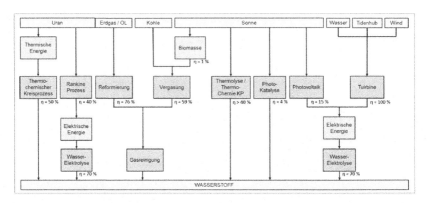

Abb. 1.1 Energieumwandlungsschritte zur Wasserstoffherstellung (Brinner et al. 2018, S. 11)

Zurzeit wird bei der Wasserstoffproduktion vorrangig das Dampf-reformierungsverfahren genutzt, dabei wird allerdings eine große Menge an Kohlendioxid freigesetzt. Im Schnitt entstehen ca. 10 bis 15 kg CO_2 pro kg H_2, ein Teil wird wieder in den Stoffkreislauf eingebunden und weiterverwertet. Damit die Elektromobilität emissionsfrei stattfinden kann, muss daher aber ein anderes Verfahren gewählt werden. Das Verfahren der Elektrolyse bedarf sehr viel Energie, jedoch werden bei diesem Verfahren keine zusätzlichen Emissionen freigesetzt. Dementsprechend ist die durch erneubare Energien betriebene Wasser-stoffherstellung mittels Elektrolyse emissionsfrei (Vgl. Belmer et al. 2019, S. 38). In Abb. 1.2 sind die Treibhausgasemissionen der gängigsten Herstellungsver-fahren dargestellt. Durch die Abbildung wird deutlich, wie hoch die Emissionen bei der Elektrolyse mittels EU-Strom-Mix sind.

In der durch das Ministerium für Wirtschaft, Innovation, Digitalisierung und Energie beauftragten und im Mai 2019 von der Ludwig-Bölkow Systemtechnik GmbH erstellten Wasserstoffstudie Nordrhein-Westfalen wurde der zukünftige Energiebedarf für die Jahre 2030 und 2050 ermittelt. Dabei konnte festgestellt werden, dass die Wasserstoffnachfrage zum Großteil durch die Wasser-Elektrolyse gedeckt werden wird. Die Dampfreformierung wird zunehmend weniger (Vgl. Michalski et al. 2019, S. 64). Durch den steigenden Bedarf an Wasserstoff werden auch die Produktionskosten der Elektrolyseanlagen sinken und die Wirkungsgrade steigen (Vgl. Marie-Louise Niggemeier et al., S. 23).

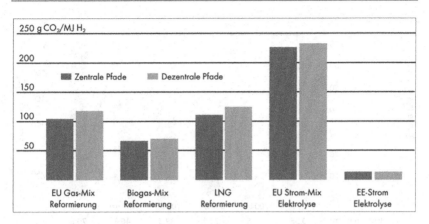

Abb. 1.2 Treibhausgasemissionen der Wasserstoffherstellung (Adolf et al. 2017, S. 18)

Da der Wasserstoff nur eine sehr geringe volumetrische Energiedichte besitzt, muss dieser verdichtet werden. Dies ermöglicht eine bessere Speicherung sowie einen einfacheren Transport. Das Druckgas wird entweder mit 350 oder 700 bar transportiert und gespeichert. Um eine noch höhere Speicherdichte zu erreichen, muss das Gas auf -253 °C heruntergekühlt und verflüssigt werden. Die Verdichtung bzw. das Kühlen benötigt zusätzliche Energie (Vgl. Adolf et al. 2017, S. 63). In Abb. 1.3 ist die Dichte des Wasserstoffs in Abhängigkeit zum Druck und der Temperatur dargestellt. Die Dichte verhält sich proportional zum Energieinhalt. Bei -253 °C und einem Bar hat ein flüssiger Raummeter Wasserstoff eine Dichte von 70,8 kg/m^3 und einen Energieinhalt von 2360 kWh. Diese Dichte ist die physikalische Obergrenze für Wasserstoff als Reinstoff (Vgl. Klell et al. 2018, S. 110).

Sobald der Wasserstoff verdichtet wurde, kann er in einem geschlossenen System ohne erhebliche Verluste lange Zeit gespeichert werden (Vgl. ebd., S. 114).

1.1.2 Infrastruktur und Transport

Das dritte Element in der Wertschöpfungskette von Wasserstoff ist der Wasserstofftransport, also die Distributionslogistik zum Endkunden. Um Transport- und Komprimierungsverluste zu vermeiden, ist es sinnvoll, Elektrolyseure direkt

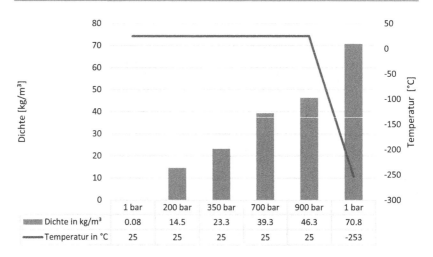

Abb. 1.3 Druck, Dichte und Temperatur von Wasserstoff (Vgl. ebd., S. 110)

mit der Wasserstofftankstelle zu verbinden, um den Wasserstoff direkt vor Ort beim Verbraucher zu produzieren.

Die zentrale Lösung findet dort statt, wo der Strom produziert wird, aber kein Endkunde vorhanden ist. Durch eine intelligente und flexible Energiesteuerung kann Wasserstoff als Energiespeicher produziert werden, wenn z. B. Windräder abgeschaltet werden müssten, da sonst ein Energieüberschuss im Netz vorliegt. Ein Vorteil dabei ist, dass das Netz nicht durch Stromspitzen überlastet wird. Nachteilig ist bei dieser Lösung allerdings der Transport des Wasserstoffs zum Verbraucher (Vgl. Pychal, Sucky 2018, S. 29).

Die dezentrale Lösung ist für die Verkehrsbetriebe deutlich interessanter, da somit individuell ein strategischer Standort zum Betanken gewählt werden kann. Zudem haben die Betriebshöfe der Verkehrsbetriebe zumeist bereits eigene Dieseltankstellen. Somit kann bei der Routenplanung auf bereits vorhandene Daten zurückgegriffen werden, wenn am gleichen Standort eine Wasserstofftankstelle installiert wird.

Trotzdem darf eine zentrale Produktion des Wasserstoffes und ein anschließender Transport nicht außer Acht gelassen werden. Dieser Transport kann per Pipeline oder LKW erfolgen. Letzteres würde den Wirkungsgrad des produzierten Wasserstoffs verschlechtern, da der LKW entweder selbst Wasserstoff verbraucht oder sogar noch mit Diesel betrieben wird. Hinzu kommen die Personalkosten, die Wartung, die Instandhaltung und die Hauptuntersuchung des

LKWs (Vgl. Krieg 2012, S. 195; Wietschel et al. 2010, S. 77). Daher wird der Fokus auf die Versorgung via Pipeline gelegt. Tankstellen, die bereits über eine Erdgas-Pipeline verfügen, können diese ebenfalls für Wasserstoff nutzen (Vgl. Schumacher 2011, S. 66). Die Kosten, eine solche Pipeline zu betreiben, hängen vor allem von deren Länge ab. Je länger eine Pipeline ist, desto mehr Verdichterstationen mit Kompressoren müssen auf der Strecke angeschlossen werden (Vgl. Krieg 2012, S. 169). Der Wasserstoff kann flüssig oder gasförmig über die Pipeline transportiert werden. Für die Verflüssigung wird ein Stromverbrauch von ca. 0,30 kWh pro kWh LH_2 angenommen. Für das Jahr 2030 wird eine Verbesserung prognostiziert, welche den Wert auf 0,21 kWh pro LH_2 senkt (Vgl. Wietschel et al. 2010, S. 74).

An der H_2-Tankstelle müssen ebenfalls zwei Kompressoren installiert werden. Ein Primär-Kompressor und ein Boost-Kompressor. Der Wasserstoff aus der Pipeline hat einen Druck von ca. 2,0 MPa, der Primär-Kompressor erhöht den Druck auf ca. 15–30 MPa und speichert den Wasserstoff im Hochdruck-Speicher. Bei der Betankung eines Fahrzeugs muss der Wasserstoff einen Druck zwischen 70 und 88 MPa haben. Um diesen Druck zu erreichen, wird der Boost-Kompressor zwischen dem Hochdruck-Speicher und der ‚Zapfsäule' verbaut (Vgl. ebd., S. 79 ff.). Durch Modularisierung dieser Komponenten für die Wasserstoff-Tankstellen können die Kosten reduziert werden. Durch technische und regulatorische Standardisierung werden über die nächsten Jahre ca. 50 % substanzielle Kostenreduzierungspotenziale erwartet (Vgl. Adolf et al. 2017, S. 65).

Derzeit sind in Deutschland 77 Wasserstofftankstellen im Betrieb. Zehn Tankstellen befinden sich im Probebetrieb bzw. werden in Betrieb genommen. Weitere zehn befinden sich in der Planungsphase. Die Verteilung der Tankstellen in Deutschland und den angrenzenden Ländern ist in Abb. 1.4 dargestellt (Stand November 2019) (Vgl. H2 Mobility Deutschland GmbH & Co. KG 2019).

1.1.3 Zukünftige Forschungsziele

Wasserstoff hat ein sehr hohes Wertschöpfungspotenzial. Bei der Herstellung hat die Elektrolyse einen Anteil zwischen zwei und sieben Mrd. EUR pro Jahr. Für die Wasserstoffspeicherung wird ebenfalls ein sehr hoher Anteil prognostiziert. Unter der Annahme, die Treibhausgase bis 2050 um 95 % zu senken, wird von einer Wertschöpfung von 19 Mrd. EUR pro Jahr ausgegangen. Die steigende

Abb. 1.4 Wasserstofftankstellen im Betrieb (H2stations.org, Ludwig-Bölkow-System-technik 2019)

Nachfrage für den Anlagenbau, den Betrieb der Anlagen und der Speicherung des Wasserstoffs wird neue Arbeitsplätze schaffen. Dieses zukünftige Potenzial kann die Arbeitsplätze der Kohleindustrie bei einem geplanten Kohleausstieg kompensieren (Vgl. Michalski et al. 2019, S. 147 ff.).

Bei der Herstellung des emissionsfreien Wasserstoffs muss der Fokus bei den Kosten, der Effizienz und der Flexibilität durch eine passgenaue Forschungs- und Entwicklungspolitik unterstützt werden. Bei allen bekannten sowie zukünftigen Herstellverfahren ist es wichtig, dass es einen wirtschaftlichen Anreiz für die Entwicklung gibt (Vgl. Adolf et al. 2017, S. 66).

Die Speicher- und Transportmöglichkeit muss weiter verbessert werden, damit zukünftig auch Großspeicher (Kavernen) bei der Stromerzeugung durch erneuerbare Energien eingesetzt werden können. Dadurch kann eine höhere Flexibilität der Energieversorgung geschaffen werden. Des Weiteren ist die Infrastruktur für den bedarfsgerechten Transport des Wasserstoffs weiter auszubauen (Vgl. ebd., S. 66).

1.2 Die Brennstoffzelle

Da in der mobilen Anwendung die Polymerelektrolytbrennstoffzelle (PEMFC) immer größere Bedeutung findet und diese in vielen FCEV (engl. Fuel-Cell-Electric-Vehicle) verbaut ist, liegt der Schwerpunkt in diesem Kapitel auf der PEM-Brennstoffzelle. Hierbei ist von Interesse, welche Rohstoffe genutzt werden, wie die Brennstoffzelle produziert wird und wie der Recyclingprozess funktioniert.

1.2.1 Rohstoffe

Bei der Herstellung der PEMFC wird vor allem Graphit für die Bipolarplatten und Platin für den Katalysator benötigt.

Graphit
Die weltweiten Graphit-Vorkommen sind geographisch weit verbreitet, dennoch vereinen die Türkei (30 %), China (24 %) und Brasilien (24 %) insgesamt 78 % der Gesamtvorkommen auf sich. Im Jahr 2017 wurden weltweit 897.000 t Graphit abgebaut. Bei den Abbauzahlen ist besonders auffällig, dass die Türkei zwar das meiste Vorkommen aufweist, aber nur 2000 t pro Jahr abbaute. China liegt mit einer Abbaumenge von 630.000 t (ca. 70 %) auf dem

ersten Platz. Gefolgt von Brasilien mit 90.000 t (10 %), Kanada mit 40.000 t
(4,4 %) und Indien mit 35.000 t (4 %) (Vgl. U.S. Geological Survey 2019b).
Vier Länder bauen somit in Summe 88,4 % der gesamten Graphit-Fördermenge
ab. Durch diese Länderabhängigkeit setzt die deutsche Rohstoffagentur (DERA)
Graphit in die höchste Risikostufe in Bezug auf mäßige Länderkonzentration
beim Abbau und hohe Abhängigkeit für die Supply Chain, da diese eine hohe
Wahrscheinlichkeit von Lieferausfällen und Preisrisiken zur Folge haben. Des
Weiteren sind politische Unsicherheiten ein weiterer Risikofaktor. (Vgl. Bastian
et al. 2019, S. 7 ff.).

Platin

Die Vorkommen von Platin sind geografisch sehr konzentriert. Südafrika verfügt über 91 % der weltweiten Vorkommen. Russland steht mit 5 % an zweiter
Stelle, gefolgt von Simbabwe mit 2 %. 2017 wurden weltweit 199.000 t abgebaut,
143.000 t in Südafrika (71,8 %), 21.800 t in Russland (10,9 %) und 14.000 t in
Simbabwe (7 %) (Vgl. U.S. Geological Survey 2019c).

Im Nordosten Südafrikas befindet sich der Bushveld-Komplex. Dort befinden
sich die größten weltweiten Platinvorkommen und auch die größten Abbauminen.
Das Gebiet ist in drei Bereiche unterteilt, dem Western-Limb, dem Eastern-Limb
und dem Northtern-Limb. Der Abbau erfolgt im Tief- und Tagebau (Vgl. Badadur
et al. 2018, S. 8). Die geförderten Roherze werden „[...] durch Sortieren, Brechen, Mahlen, Schweretrennung und hintereinandergeschaltete Flotationsstufen
zu platinhaltigen Konzentraten verarbeitet." (ebd., S. 8).

Der Wasserverbrauch eines Bergwerks liegt in etwa zwischen 100.000 und
140.000 Liter Wasser pro Stunde. In der Region des Bushveld-Komplexes werden
täglich ca. 70 Mio. Liter Grundwasser zu giftigem Minen-Abwasser. Die Region
hat dadurch eine hohe Wasserknappheit, welche 2018 durch die Regierung
zur nationalen Katstrophe erklärt wurde. Außerdem verpesten die Abgase der
Industrieanlagen die Luft in der Umgebung. Damit der Bergbau günstig und
profitabel bleibt, besteht ein hoher Bedarf an günstiger Energie. Diese Energie
kommt im Wesentlichen aus Kohlekraftwerken. Dadurch hat Südafrika mit 9,18 t
CO_2 pro Kopf pro Jahr höhere Emissionen als China, Indien oder Deutschland.
Neben den schädlichen Auswirkungen auf die Umwelt, hat der Abbau auch Einfluss auf die Minenarbeiter. Die Arbeit in der Mine ist sehr gefährlich und der
Lohn ist sehr gering. In der Region herrschen aus der Kolonialzeit stammende
Ungerechtigkeitsverhältnisse. Diese führen häufig zu Unruhen und sozialen Kon-
flikten (Vgl. ebd., S. 8 ff.).

1.2.2 Produktion und Logistik

Damit die Brennstoffzelle eine höhere Leistung erzielt, werden mehrere Brennstoffzellen miteinander verbunden. Dieser Verbund wird *Stack* genannt (Vgl. Nendwich 2009, S. 15).

Die Verbindung der einzelnen Zellen wird mit Bipolarplatten erreicht, welche die Anode einer Zelle mit der Kathode der folgenden Zelle verbinden. Zudem muss die Bipolarplatte die Folge-Zelle mit den Reaktionsgasen versorgen, das entstehende Wasser abtransportieren, die entstehende Wärme ableiten und die verschiedenen Gas- und Kühlkammern gegeneinander nach außen abdichten. Als Material für graphitische Bipolarplatten werden verschiedene Werkstoffe wie z. B. Kunstharz, Graphit oder Kugelgraphit verwendet. Bei metallischen Bipolarplatten wird hochlegiertes rostfreies Stahlblech aus Eisenbasislegierungen mit gutem Korrosionsverhalten genutzt (Vgl. ebd., S. 15 ff.).

Die Membran-Elektroden-Einheit (MEA), das Herzstück der Brennstoffzelle, beinhaltet die protonenleitende Membran, die Katalysatorschicht und die Gasdiffusionsschicht. Der genaue Produktionsprozess unterliegt der Geheimhaltung und wird nicht von den Herstellern veröffentlicht. Als Elektrolyt wird eine Folie aus Polytetrafluorethylen verwendet. Dieses fluorpolymere Grundgerüst ist ähnlich wie Teflon. Die Katalysatorschicht besteht aus Kohlenstoffpartikeln, welche mit einem Katalysator aus Platinpulver durchsetzt sind. Die Gasdiffusionsschicht hat die Aufgabe, den Wasserstoff über die gesamte Elektrodenfläche zu verteilen. Diese Schicht besteht aus groben Graphitfasern. Das leitende Graphit hat den Vorteil, dass es nicht korrodieren kann. Die Gasdiffusionsschicht sollte außerdem hydrophob sein, damit kondensierendes Wasser aus der Zelle geleitet wird. Die gesamte Membran-Elektronen-Einheit wird abschließend mit flüssigem Silikon abgedichtet (Vgl. ebd., S. 16 ff.) (Abb. 1.5).

Der aktive Anteil der Elektroden wird aus Platin gebildet. Um das Platin zielgerecht und effizient aufzutragen, gibt es verschiedene Methoden, die ständig verbessert und angepasst werden (Vgl. Bodner et al. 2019). Beispielsweise wird zum Auftragen ein im flüssigen Medium dispergierter Katalysator eingesetzt, der auf die Membran übertragen wird. Dabei können aber nur geringe Katalysatormengen aufgetragen werden. Daher muss dieser Prozess mehrfach wiederholt werden, um die Lebensdauer der Brennstoffzelle zu verlängern. Allerdings haben die notwendigen Wiederholungen eine bremsende Wirkung auf den Produktionsprozess. Außerdem geht dabei ein Teil des Katalysators verloren, was weitere Kosten verursacht (Vgl. ebd.; Willert et al. 2019, S. 214 ff.).

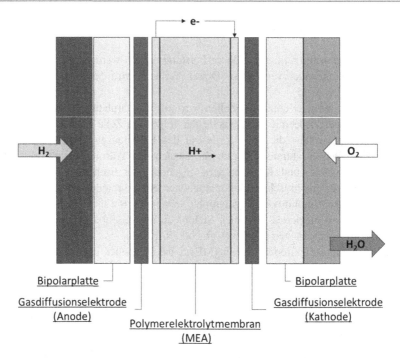

Bipolarplatte —┘

Gasdiffusionselektrode
(Anode)

Polymerelektrolytmembran
(MEA)

└— Bipolarplatte

Gasdiffusionselektrode
(Kathode)

Abb. 1.5 Aufbau der PEM-Brennstoffzelle. (Eigene Darstellung in Anlehnung an Adolf et al. 2017)

Andere Fertigungsverfahren sind z. B. Tape Casting, Doctor Blading oder Slot-Die Coating. Letzteres bietet für die Massenfertigung die besten Möglichkeiten, da es in einem einzigen Produktionsschritt gefertigt werden kann. Bei diesem Produktionsschritt bleibt durch das Ausstanzen von Streifen ein Rest. Dieser muss recycelt werden, um das Platin zurückzugewinnen (Vgl. ebd., S. 216).

Die Endplatten werden an die Enden des Stacks montiert. Damit sie als Stromabnehmer eingesetzt werden können, muss eine resistente und korrosionsbeständige Beschichtung wie z. B. Gold aufgetragen werden. Die Endplatten müssen sehr stabil gefertigt werden, damit eine Verformung durch den Druck im Stack verhindert wird. Außerdem werden durch die Platten auch der Wasserstoff und der Sauerstoff geführt bzw. abgeführt (Vgl. Nendwich 2009, S. 21) (Abb. 1.6).

Abb. 1.6 PEM-
Brennstoffzellen-Stack
(Teledyne Energy Systems |
DirectIndustry)

Der Produktionsprozess der Brennstoffzelle besteht aus den folgenden
Produktionsschritten: (Vgl. Pehnt und Nitsch 2000, S. 16).

1. Produktion der Gasdiffusionselektrode (GDE), darin enthalten ist die
   Imprägnierung mit Teflon, die Aufbringung des Katalysators (besteht meist
   aus Platin) und das Sintern,
2. Die Produktion der Polymerelektrolyt-Membran,
3. Verbindung der GDE mit der Membran, durch Druck und Temperatur. Es entsteht die Membranelektrodeneinheit MEA,
4. Herstellung der Bipolarplatte. Diese besteht meistens aus Graphit,
5. Endmontage und Testprozedur.

1.2.3 Recycling

Nachfolgend wird der Recyclingprozess einer PEM-Brennstoffzelle beschrieben.
Weitere Brennstoffzellentypen werden hier aufgrund des begrenzten Umfangs
außer Acht gelassen.

Im ersten Schritt des Recyclings ist es wichtig, dass der
Brennstoffzellen-Stack auseinander gebaut wird. Bauteile wie z. B. Druck-
minderer, Wasserstoffleitungen oder die Steuerelektronik können konventionell
über den Elektroschrott recycelt werden. Für die Brennstoffzellen ist das Ziel,
eine weitgehende stoffliche und energetische Verwertung mit möglichst geringen
Schadstoffemissionen und Energieaufwand zu entwickeln. Im Vordergrund steht
dabei das Recycling des Katalysators, da durch den Erlös der zurückgewonnenen
Edelmetalle das gesamte Recyclingverfahren finanziert werden kann. Die
Brennstoffzelle muss zum Recycling in die Einzelkomponenten Bipolarplatten,

Diffusionsschichten und Membran-Elektroden-Einheit zerlegt werden. Die Einzelkomponenten durchlaufen anschließend das jeweils entwickelte Recyclingverfahren (Vgl. Richter und Roon 2004, S. 34; Stahl et al. 2016, S. 220).

Bei den Bipolarplatten kommt es darauf an, welche Art verbaut wurde. Bei der Graphit-Komposit-Bipolarplatte gibt es zusätzlich noch zwei verschiedene Bindersysteme. Bei dem duroplastischen Bindersystem ist keine direkte stoffliche Wiederverwertung möglich. Beim thermoplastischen System kann der Stoff gemahlen und granuliert und nach einer gründlichen Reinigung zur Herstellung für neue Bipolarplatten verwendet werden. Bei Bipolarplatten aus beschichtetem Edelstahl wird das Rohmaterial in der gewöhnlichen Edelstahlverwertung recycelt. Dabei werden die Beschichtungsbestandteile (Graphit, Kunststoff oder Hartmetallcarbide bzw. -nitride) nach dem Einschmelzen als Schlacke abgetrennt (Vgl. ebd., S. 221).

Die Membran-Elektroden-Einheit, der aktive Teil der Zelle, ist schwierig zu recyceln. Der Polymermembranelektrolyt verbindet sich beim Betrieb der Brennstoffzelle mit der Katalysatorschicht und der Gasdiffusionsschicht. Diese Verbindung lässt sich nicht mehr einfach trennen. Durch eine thermische Zersetzung können Graphit und Kunststoffanteile getrennt werden. Das Polymer und die Kohlefaseranteile werden dabei zerstört (Vgl. ebd., S. 221). Wie bereits erwähnt, lag in der Vergangenheit der Fokus auf dem Recycling des Katalysators, da das enthaltene Platin das Recyclingverfahren finanzieren kann. Durch das steigende Marktvolumen der PEM-Brennstoffzelle steigt das Potenzial zur Kostenreduktion der Polymermembran durch Recycling. Dabei ist neben der technischen Realisierbarkeit das ökonomische Potenzial zu prüfen. Ein passendes Verfahren für das Polymembran-Recycling ist z. B. das Autoklav-Verfahren (Vgl. Richter und Roon 2004, S. 38).

1.2.4 Forschungsziele

Für die Produktion der Membran-Elektroden-Einheit (MEA) wurde ein EU-Projekt (MAMA-MEA) mit dem Ziel aufgelegt, die benötigten Schichten (inkl. Membran) passgenau aufeinander zu drucken, anstatt wie üblich zu laminieren. Für diese Beschichtung gibt es neben dem Inkjetdruck auch noch den Tiefdruck. Die derzeitigen Zwischenergebnisse gelten als vielversprechend, da weniger Platin recycelt werden muss und dieses Verfahren für die Massenproduktion geeignet ist (Vgl. Willert et al. 2019, S. 217 ff.).

Die Recyclingquote der Brennstoffzelle muss weiter verbessert werden. Besonders bei der Polymermembran besteht ein hoher Forschungsbedarf, um einen wirtschaftlich vorteilhaften Prozess zu entwickeln. Es ist vorteilhaft, die Materialien so weit zu trennen, dass sie in standardisierte bestehende Recyclingverfahren eingeführt werden können. Dabei ist bei der Konstruktion und der Entwicklung darauf zu achten, ein einheitliches, leicht trennbares System unter den Aspekten des ‚Design to Recycle' zu entwickeln. Durch einen geschlossenen Materialkreislauf wird auch die Abhängigkeit von Rohstoffen geringer. Die Kosten für Rohstoffe und Produktion werden dadurch ebenfalls reduziert. Die Recycling-Logistik ist gefordert, einen einheitlichen Rückführungsprozess zu gestalten, da die Rücklaufquote einen hohen Anteil an der Recyclingquote hat (Vgl. Richter und Roon 2004, S. 33 ff.; Stahl et al. 2016, S. 219 ff.).

1.3 Die Batterie

In diesem Kapitel wird zunächst auf das Vorkommen der zur Produktion der Batterie benötigten Rohstoffe eingegangen, gefolgt von der eigentlichen Produktion, der Nutzung und abschließend dem Recyclingprozess. Dabei wird neben der Technologie auch die Sozial- und Umweltverträglichkeit analysiert.

1.3.1 Rohstoffe

Eine Lithium-Ionen-Batterie kann aus vielen verschiedenen Zusammensetzungen von Metalloxiden bestehen. Es wird die Lithium-Ionen-Batterie betrachtet, da diese als Schlüsseltechnologie für die Elektromobilität gilt (Vgl. Kampker et al. 2013b, S. 295).

Aufgrund des hier begrenzten Umfangs wird auf Lithium, Kupfer und Kobalt eingegangen. Besonders Lithium und Kobalt werden in der Fachpresse, aber auch in den Medien, stark diskutiert (Vgl. Seidler und Schütte 2019; Staude 2019; Meyer 2018; Leifkler et al. 2018).

Lithium

Die bekannten Lithiumvorkommen sind geologisch sehr stark konzentriert. Argentinien, Bolivien und Chile (65 %) ebenso wie China (27 %) und Australien (8 %) verfügen über die weltweit meisten Vorkommen (Vgl. Hoyer 2015, S. 38).

Um Lithium abzubauen, gibt es aufgrund der geologischen Verteilung zwei Methoden: In China und Australien wird Lithium aus mineralischem Gestein

gelöst, während es in Argentinien und Chile aus Salzseen gewonnen wird (Vgl.
Leifkler et al. 2018, S. 8).

Bei der Gewinnung aus Salzseen wird das lithiumhaltige Grundwasser
(Sole) abgepumt, dieses befindet sich mehrere hundert Meter unter der Erde.
Im nächsten Schritt wird die Sole in Verdunstungsbecken geleitet, damit die
Flüssigkeit in der Sonne verdunstet. Der Lithiumanteil in der Sole ist mit weniger als einem Prozent sehr gering (Vgl. ebd., S. 9). Um eine Tonne Lithium zu
produzieren, werden in etwa 500.000 Gallonen (1,89 Mio. Liter) Wasser benötigt
(Vgl. Frankel und Whoriskey 2016). Damit die Flüssigkeit aus der Sole ver-
dunstet, dauert es bis zu zwölf Monate. Anschließend muss das Lithium mittels
verschiedener Chemikalien herausgetrennt werden. Kerosin, Alkohol oder Salz-
säure löst das Bor aus der Sole, Kalziumoxid und Natriumkarbonat entfernen
Magnesium, Sulfat und Kalzium. Die verbleibende Sole wird erhitzt und weiteres
Natriumkarbonat hinzugefügt. Dabei entsteht das gewünschte Lithiumkarbonat.
Dies muss abschließend nochmals gewaschen und getrocknet werden (Vgl. Schmidt
2017, S. 23 ff.).

Für die Lithiumgewinnung aus Festgestein werden Roherze im Tage- oder
Untertagebau gefördert und „[...] durch Sortieren, Brechen, Mahlen, Schweretrennung, Magnetscheidung, Flotation, Waschen, Filtern und Trocknen zu
lithiumhaltigen Konzentraten verarbeitet." (ebd., S. 19). Dieses Verfahren wird
als Acid-Roast-Prozess bezeichnet. Für diesen Prozess wird Schwefelsäure,
Kalziumkarbonat und Wasser benötigt, um Verunreinigungen wie Eisen, Mangan und Aluminium zu entfernen. Im nächsten Prozessschritt wird gefiltert und
danach calciniertes Soda, Waschsoda und Calciumoxid zugeführt, um Kalzium
und Mangan zu entfernen und eine alkalische Lösung herzustellen. Anschließend
wird die Lösung erhitzt und mit Schwefelsäure neutralisiert. Durch die weitere
Zugabe von calciniertem Soda und Waschsoda wird Lithiumkarbonat mit einer
Reinheit von 99,3 % hergestellt. Da für die Batterieindustrie eine Reinheit von
99,5 % vorliegen muss, wird der Prozess des Ionenaustausches angewandt (Vgl.
ebd., S. 19 f.).

Der Handel mit Lithium wird derzeit von vier Unternehmen dominiert.
Diese haben zusammen 61 % Marktanteil, Albemarle aus den USA mit 18 %,
Jiangxi Ganfeng Lithium Co. aus China mit 17 %, SQM aus Chile mit 14 %
(Sociedad Quimica y Minera de Chile) und Tianqi aus China mit 12 %. Zudem
gibt es Verbindungen zwischen den einzelnen Unternehmen, z. B. ein Joint Ven-
ture zwischen Albemarle und Tianqi für die Greenbushes Mine in Australien.
Aus dieser Mine wurden 2017 in etwa 35 % des weltweiten Lithium–Karbonat
Angebots gefördert (Vgl. Leifkler et al. 2018, S. 10).

Das chinesische Lithium-Karbonat wird nicht exportiert, sondern in China zu Lithiumoxid weiterverarbeitet. Daher sind Argentinien und Chile zusammen mit nahezu 100 % Nettohandelsanteil für Lithium-Karbonat die einzigen nennenswerten Exportländer. Bei den Nettoexportanteilen von Lithiumoxid liegt China mit 39,2 % vor den USA mit 36,7 % und Chile mit 16 %. Importiert wird zur Zell- bzw. Batteriefertigung hauptsächlich aus China, Südkorea und Japan (Daten aus 2017) (Vgl. Schmidt 2017, S. 59 ff.).

Die weltweite Verfügbarkeit von Lithium stellt derzeit kein Problem dar. Im Jahr 2007 lag die weltweite Nachfrage bei ca. 93.000 t. Die globalen Reserven wurden vom US Geological Survey auf mindestens 46 Mio. t geschätzt. Neben den bereits genannten Vorkommen in Salzseen und geologischem Gestein findet sich Lithium auch im Meerwasser. Dabei enthält ein Liter Meerwasser ca. 0,14–0,25 mg Lithium. Dies entspricht einer hypothetischen Reserve von ca. 230 Mrd. t Lithium (Vgl. Kurzweil und Dietlmeier 2018, S. 256). Für eine Lithium-Ionen-Batterie im Bereich der Elektromobilität wird pro kWh ca. 150 g Lithium benötigt (Vgl. März 2019; Wunderlich-Pfeiffer 2015).

Der Abbau in Chile, Argentinien und Bolivien wird aber auch kritisch betrachtet. Durch die Entnahme der Sole sinkt der Grundwasserspiegel. Dies verursacht ein Ungleichgewicht des Ökosystems (Vgl. McCartney 2010; Jerez Henríquez 2018). Landwirte in den betroffenen Regionen leiden unter der Wasserknappheit (Vgl. Leifkler et al. 2018, S. 21). Im Bericht ‚Das weiße Gold‘ (Vgl. ebd.). fordert die Organisation ‚Brot für die Welt‘ intensive Studien über die Auswirkungen des Abbaus, bevor neue Abbaugebiete erschlossen werden. Die beiden Abbauunternehmen SQM und Albemarle widerlegen jedoch die hohen Zahlen des Wasserverbrauchs, welche dem Öko-System schaden. Die Werte stammen aus dem Jahr 2011 und waren damals nur eine Schätzung. Mittlerweile verfügt man über leistungsfähigere Technologien. Diese verbrauchen deutlich weniger Wasser bzw. verbrauchtes Wasser wird dem Boden wieder zugeführt (Vgl. Vollmer 2019b). Dr. Heiner Marx, der Vorstandvorsitzende der deutschen Firma K-UTEC AG, welche die Lithiumförderung in Bolivien mitentwickelt, sagt dazu:

„Am bolivianischen Salar de Uyuni gibt es drei Monate Regenzeit, mit einem Wasserüberstand von bis zu einem halben Meter, sodass der Verbrauch bei der Solarevaporation mehr als ausgeglichen wird. Nur bei besonders trockenen Seen wie dem Salar de Atacama wird es problematisch. Dort gibt es wenig Niederschlag, deswegen hat die zuständige Behörde „Corfo" die Abpumprate reglementiert, damit der Lösungsspiegel im Salar möglichst konstant gehalten wird." (Vollmer 2019a).

Langfristig sollte es das Ziel der Abbauländer sein, die Weiterverarbeitung im eigenen Land zu behalten und grüne Technologien zu fördern, von denen das Land und die Bevölkerung in Form von Wirtschaftswachstum und Arbeitsplätzen profitiert (Vgl. Leifkler et al. 2018, S. 27).

Kupfer

Kupfer befindet sich in den Zellen der Batterie, aber auch in allen stromführenden Leitungen. Gewichtsbezogen hat Kupfer den größten Anteil an der Batterie, auf die Zellen bezogen dann aber nur einen Anteil von 10–12 % (Vgl. Hoyer 2015, S. 35).

Nachdem das Kupfererz gefördert wurde, wird es weiter zu Rohkupfer verarbeitet. Die unterschiedlichen Prozesse richten sich danach, ob es sich beim Kupfererz um ein Oxid oder ein Sulfid handelt.

Bei Kupfer ist kein Versorgungsengpass zu erwarten. Etwa fünfzig unterschiedliche Förderländer sorgen für eine hohe Quellendiversifizierung. Die größten Vorkommen liegen u.a. in Chile mit 28 %, Australien mit 13 %, Peru mit 11 % ebenso in Mexiko und den USA mit je 6 %. Bei der Förderung ist die Reihenfolge der Länder sehr ähnlich (Vgl. ebd., S. 35). 2018 lag die Gesamtfördermenge bei 21.000 t. Davon entfallen auf Chile 28 %, gefolgt von Peru mit 11 % und China und Australien mit jeweils 8 % und 5 % (Vgl. U.S. Geological Survey 2019d). Der Kupferpreis wird an der Warenterminbörse wie z. B. der London Metal Exchange (LME) bestimmt. Durch die hohe Nachfrage hat sich der durchschnittliche LME-Jahrespreis für Kupfer seit 2001 mehr als verfünffacht (Vgl. Hoyer 2015, S. 37).

Kobalt

Kobalt wird in den Batteriezellen als Aktivmaterial verwendet und hat einen Anteil von ca. 5 bis 20 %. In einer LNMC-Zelle für batterieelektrische Fahrzeuge wird ca. 10 bis 15 kg Kobalt verwendet (Vgl. ebd., S. 30).

Die geologischen Vorkommen von Kobalt sind sehr konzentriert. 50 % der weltweiten Reserven befinden sich in der Demokratischen Republik Kongo (DR Kongo), die zweitgrößten Vorkommen mit 17 % in Australien und die drittgrößten mit 7 % in Kuba. 2017 wurden insgesamt 120.000 t abgebaut, davon 73.000 t in der DR Kongo, 5030 t in Australien und 4600 t auf den Philippinen. Die Weiterverarbeitung des Metalls findet größtenteils in China (40 %) statt. Aufgrund der hohen Abhängigkeiten einzelner Länder setzte die USA Kobalt 2018 auf die Liste der kritischen Rohstoffe (Vgl. U.S. Geological Survey 2019a). Auch die EU befürchtet, dass aufgrund politischer und wirtschaftlicher Interessen der Abbau- und Raffinerieländer eine künstliche Verknappung herbeigeführt werden könnte (Vgl. Europäischer Wirtschafts- und Sozialausschuss 2011, S. 1).

Die abgebauten Kobalterze müssen anschließend zu Metallen, Salzen oder Chemikalien raffiniert werden. Das Kobalterz aus der DR Kongo wird vor allem nach China, Finnland, Sambia und Belgien exportiert. Das in China raffinierte Kobalterz wurde 2017 zu mehr als 80 % für die Batterieherstellung genutzt (Vgl. U.S. Geological Survey 2019a).

Kritisch zu betrachten ist der Abbau in der DR Kongo. Dort findet industrieller Großabbau, aber auch der handwerkliche Kleinbergbau, statt. Kobalt wird in der DR Kongo zu 80 % als Nebenprodukt des Kupfererzabbaus gefördert (Vgl. Al Barazi et al. 2017, S. 12). Amnesty International und Unicef haben mehrfach Missstände der Arbeitsbedingungen und Kinderarbeit festgestellt und aufgezeigt. Der im Januar 2016 von Amnesty International veröffentlichte Bericht ‚*This is What We Die For: Human Rights Abuses in the Democratic Republic of the Congo Power the Global Trade in Cobalt*' beschreibt die Missstände des Abbaus. In dem Bericht wird kritisiert, dass die Abnehmer der Batterien wie z. B. Automobilhersteller zu wenig Transparenz und Sorgfaltspflicht entlang der Lieferkette zeigen. Besonders auffällig sind Batteriezellenhersteller. Diese haben, wenn überhaupt, nur minimalen Einfluss auf die Menschenrechte entlang der Supply Chain und somit auch keine Absichten, dies zu ändern (Vgl. Amnesty International Ltd. 2017, S. 4; Al Barazi et al. 2017, S. 12). Des Weiteren fordert der Bericht jene Staaten auf, die eine Elektrifizierung von Fahrzeugen planen, die Kontrolle über die Unternehmen zu übernehmen, um damit der Sorgfaltspflicht gegenüber den Menschenrechten gerecht zu werden. Auch an die Demokratische Republik Kongo wird appeliert, diese Chance zu nutzen, um wirtschaftlich erfolgreich zu werden (Vgl. Amnesty International Ltd. 2017, S. 78 ff.).

1.3.2 Fertigungsprozess

Bei der Herstellung der Batteriezelle lassen sich drei Hauptprozessschritte identifizieren: Die Fertigung der Elektroden, die Zellmontage und die Formierung und Prüfung. Im ersten Schritt wird das Anoden- bzw. Kathodenaktivmaterial auf die metallischen Trägerfolien beschichtet, getrocknet und kalandriert. Bei der anschließenden Zellmontage werden die beschichteten Elektronenfolien zusammen mit dem Separator zu einem Elektrodenstapel verarbeitet. Dies ist der Elektronen-Stack, welcher gemeinsam mit einem flüssigen Elektrolyten in ein Gehäuse verpackt wird. Beim letzten Fertigungsschritt, der Formierung, werden die Zellen das erste Mal bei geringer Stromrate geladen. Die Stromrate wird anschließend erhöht und die Zellen mehrfach zyklisch ent- und geladen. Damit wird die volle Leistungsfähigkeit der Batterie generiert und die spezifischen Eigenschaften wie z. B. die Speicherkapazität können dokumentiert werden (Vgl. Kampker et al. 2013a, S. 238).

Bei der Planung einer Batteriefabrik ist neben der allgemeinen kostensenkenden Logistikplanung darauf zu achten, dass höchste Sicherheitsanforderungen erfüllt werden. Die einzelnen Prozessschritte beinhalten unterschiedliche Anforderungen an die Fabrik. Entstehende Pulverstäube müssen abgesaugt werden. Ein Schutz vor Querkontaminationen, Lösungsmittelrückgewinnung und -absaugung sind zwingend notwendig. In einigen Prozessräumen sind spezielle Rein- und Trockenräume nötig, welche eine relative Luftfeuchtigkeit von weniger als einem Prozent haben. Außerdem müssen die Lagerflächen in Trockenräumen leitfähig sein, um elektrostatische Aufladungen zu verhindern. Für die gesamte Fabrik ist ein gutes Energiemanagement existentiell, da durch den elektrischen Formierungsprozess und sämtliche sekundäre Betriebsmittel ein hoher Strombedarf entsteht (Vgl. Simon 2013, S. 249 f.). Für jede produzierte Kilowattstunde Speicherkapazität wird angenommen, dass in der Produktion zwischen 97 und 180 kWh Energie verbraucht werden (Vgl. Leiva 2017).

Um eine wirtschaftliche und energieeffiziente Batteriefabrik zu planen, sollte die Fertigungsfläche in Klimazonen eingeteilt werden, obwohl dann kein klarer Materialfluss nach der Prozessreihenfolge zu erkennen ist. Zusätzlich empfiehlt sich der modulare Aufbau der Bereiche. Damit kann flexibel und schnell auf die dynamische Entwicklung der Batterietechnologie reagiert werden. Ein hoher Automatisierungsgrad erhöht die Qualität und die Prozesssicherheit. Besonders in Trockenräumen, in denen der Mensch eine Feuchtigkeitsquelle ist, sollten automatisierte Prozesse integriert werden (Vgl. Simon 2013, S. 257) (Abb. 1.7).

Die Batteriezellen werden in China, Südkorea und Japan mit dem Lithium-Karbonat oder Lithium-Oxid hergestellt und anschließend z. B. nach Deutschland verkauft. Dort wird das Batteriemanagementsystem hinzugefügt. Dieser Fertigungsschritt erfolgt entweder beim Batterie-Zulieferer oder direkt im Elektroautomobilwerk, kurz bevor die Batterie verbaut wird (Vgl. Leifkler et al. 2018, S. 11). Viele Unternehmen, aber auch die EU-Kommission, betrachten diese Abhängigkeit von Zellimporten aus Asien als kritisch. Daher hat die EU-Kommission die *European Battery Alliance* gegründet mit dem Ziel, den Zugang zu den Rohstoffen zu sichern und die Ansiedlung von Batteriezellfertigungen in der EU zu fördern (Vgl. European Battery Alliance 2018, S. 2 ff.).

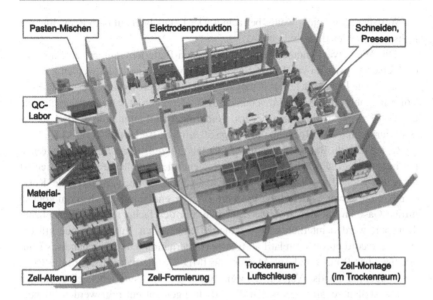

Abb. 1.7 Produktionsflächenkonzept für Lithium-Ionen-Batterien (Vgl. Simon 2013, S. 250)

1.3.3 Recycling

Bei der gesamten Betrachtung der Wertschöpfungskette eines Produktes spielt auch die Recycling-Logistik eine wichtige Rolle. Der Recycling-Prozess der Lithium-Ionen-Batterie (LIB) wird derzeit sehr viel in den Medien und der Fachpresse diskutiert. Um eine nachhaltige, also grüne Technologie zu entwickeln, muss auch der Recycling-Prozess nachhaltig sein. Bei der Lithium-Ionen-Batterie sind dabei mehrere Faktoren entscheidend.

Nach dem Ausbau der Batterie aus dem Fahrzeug ist zunächst zu prüfen, ob die LIB defekt ist. Wenn dies nicht der Fall ist, muss kontrolliert werden, ob die Batterie nochmal wiederverwendet werden kann. Die Wiederverwendung kann aber auch in einem anderen Bereich möglich sein, z. B. als Pufferspeicher für erneuerbare Energien (Vgl. Beverungen et al. 2019, S. 5). Diese Umwidmung und Weiterverwendung ist ein weiterer wachsender Zweig der Wertschöpfungskette, da diese Batterien weiter genutzt werden können. Durch den weiteren Einsatz der Batterie sinken somit auch die Kosten für die Herstellung neuer Batterien (Vgl. Plenter et al. 2019, S. 181). Aufgrund des umfangreichen Themas wird dieser Zweig der Wertschöpfung nicht weiter betrachtet. Der Fokus liegt auf dem Recycling der Rohstoffe aus der Batterie.

Die Wiederverwendung von Lithium-Ionen-Batterien mindert zudem auch das Versorgungsrisiko von Rohstoffen, da diese wiederverwendet werden können. Die Deutsche Rohstoffagentur der Bundesanstalt für Geowissenschaften und Rohstoffe empfiehlt den Aufbau diversifizierter Lieferketten und Ausweichstrategien, um Beschaffungsrisiken abzusichern. Auch die EU-Kommission fordert in der Batterierichtline eine Recyclingquote von 50 % (Vgl. Burkert 2018, S. 12 f.).

Zu recycelnde Batterien müssen als Gefahrgut zum Recycling-Prozess transportiert werden. Die hohe und ständig steigende Energiedichte der Batterien ist dabei ein Sicherheitsrisiko. Durch Beschädigungen können in der Zelle Kurzschlüsse entstehen. Durch diese kann die Batterie entflammen, außerdem können giftige Gase und Säuren freigesetzt werden. Für den fachgerechten und sicheren Transport werden internationale Regularien eingehalten. Für die Straße gilt die ADR- (Accord européen relatif au transport international des marchandises Dangereuses par Route) und auf Meeren die IMDG- (International Maritime Code for dangerous goods) Vorschrift (Vgl. Weber 2019). Batteriehersteller müssen Sammelstellen schaffen, in denen die LIB fachgerecht entsorgt werden können. Des Weiteren muss das Batteriedesign ein automatisiertes Recyceln ermöglichen (Vgl. Burkert 2018, S. 13).

Der Bedarf an Recycling-Konzepten ist sehr groß. Bei mehreren Millionen Batterien, die nach ihrer Lebenszeit recycelt werden müssen, wird davon ausgegangen, dass pro Jahr mehrere 100.000 t Batterien in Europa anfallen (Vgl. Treffer 2013, S. 346). Derzeit liegt die gesamte weltweite Recycling-Kapazität bei weniger als 100.000 t (Vgl. Bernhart 2019, S. 43). Das wirtschaftliche Potenzial von Recycling-Konzepten ist ebenfalls vielversprechend. LIB, die derzeit im Umlauf sind, haben eine längere Lebensdauer als erwartet. Zum Beispiel hat eine Batterie von Tesla nach 165.000 km noch 85 % der ursprünglichen Batterieleistung. Angenommen wurden aber 70 % nach ca. 80.000 km. Daher gibt es derzeit auch noch keine genauen Daten zur Lebensdauer oder zu den Sammelquoten (Vgl. Burkert 2018, S. 11 f.).

Das deutsche Unternehmen Dusenfeld wird sehr oft in der Fachpresse genannt. Dieses Unternehmen beschäftigt sich ausschließlich mit dem Recycling von Lithium-Ionen-Batterien (Vgl. ebd., S. 11). Eine weitverbreitete Methode des Recyclings ist es, die Batterien zu zerlegen und die Zell-Pakete einzuschmelzen, um anschließend die Rohstoffe aus der Schlacke zu gewinnen. Dieses Verfahren wird pyrometallurgisches Schmelzverfahren genannt (Vgl. Treffer 2013, S. 346 ff.). „Gemessen an dem in der EU-Batterierichtlinie festgeschriebenen Ziel für das wiedergewonnene Material hat das Verfahren jedoch seine Grenzen und ist daher wahrscheinlich auch nicht besonders wirtschaftlich." (Bernhart 2019, S. 41 f.). Bei dem Verfahren der Firma Dusenfeld werden die Zellen nach der Zerlegung der Batterie geschreddert. Das Elektrolyt wird anschließend auskondensiert und kann als Spezialchemikalie verkauft werden. Durch einen hydrometallurgischen Prozess wird das Elektrodenpulver in die einzelnen Rohstoffe getrennt. Das Verfahren hat laut der Firma Dusenfeld einen 70 % geringeren Energieverbrauch als das pyrometallurgische Verfahren (Vgl. Burkert 2018, S. 11 ff.). Das hydrometallurgische Verfahren kann zudem sehr hohe Rückgewinnungsquoten vorweisen (Vgl. Bernhart 2019, S. 41), 100 % bei Kupfer, 99,2 % bei Mangan, 99,1 % bei Nickel, 97,8 % bei Kobalt und 95,8 % bei Lithium (Vgl. Zheng 2018). (Abb. 1.8).

Werden alle Rohstoffe und Metalle berücksichtigt, die weiterverkauft werden können, ergeben sich Einnahmen zwischen 13 und 26 EUR pro kWh. Die Kosten für den Recyclingprozess mit dem hydrometallurgischen Verfahren liegen zwischen 8 und 11 EUR pro kWh. Der potenzielle Nettogewinn liegt folglich zwischen 2 und 18 EUR pro kWh bzw. zwischen 300 und 900 EUR für eine mittelgroße Batterie (Vgl. Bernhart 2019, S. 42).

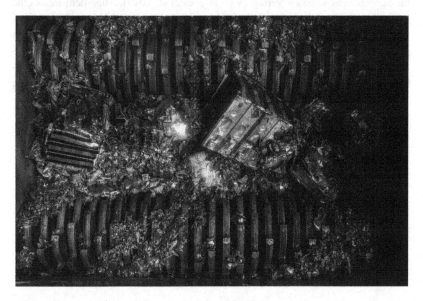

Abb. 1.8 Lithium-Ionen-Batterien werden zerkleinert. (Duesenfeld GmbH 2019, Fotograf: Wolfram Schroll). URL: https://www.duesenfeld.com/effizienz.html

1.3.4 Forschungsziele

Entlang der gesamten Wertschöpfungskette der Rohstoffe besteht weiterer Handlungsbedarf. Unternehmen, die Batterien herstellen, aber auch jene, die diese kaufen, sind dazu verpflichtet, eine transparente, humanitäre und umweltfreundliche Supply Chain zu schaffen (Vgl. Amnesty International Ltd. 2017). Diese Transparenz sollte auch in die Öffentlichkeit getragen werden, um eine höhere Akzeptanz bei den Kunden zu erreichen und somit auch neue Kunden zu gewinnen.

Um eine hohe Recyclingquote zu erreichen, ist es wichtig, bei der Konstruktion der Batterie auf eine effiziente Demontage der Zell- und Modulebene zu achten. Es sollten Standards für ein ‚Design to Recycle' gesetzt werden, damit die Demontage automatisiert und höhere Rohstofferträge erreicht werden können (Vgl. Burkert 2018, S. 14; Bernhart 2019, S. 43). Aber auch die Möglichkeit als Second-Life-Speicher sollte nicht außer Acht gelassen werden. Auch, wenn nur noch 50 % der Leistung abgerufen werden können, sind Batterien als stationärer Energiespeicher weiter nutzbar. Becker, Beverungen, Winter und Menne beschreiben diese Second-Life-Anwendung ausführlich in ihrem Buch ‚Umwidmung und Weiterverwendung von Traktionsbatterien', erschienen 2019 im Springer Fachmedien Verlag (Vgl. Becker et al. 2019). Außerdem muss eine Logistikkette für gebrauchte Lithium-Ionen-Batterien entwickelt und umgesetzt werden, damit eine sichere Entsorgung für den Kunden gewährleistet wird. Dazu gehört auch die Frage, ob eine zentrale oder dezentrale Entsorgung umweltfreundlicher ist. Ein weiteres großes Fragezeichen ist die Lebensdauer der Batterien. Diese Frage kann erst geklärt werden, wenn mehrere LIB ihre Leistung verlieren und entsorgt werden (Vgl. Treffer 2013, S. 354; Becker et al. 2019).

Anwendung der Brennstoffzelle im öffentlichen Personennahverkehr

2

In diesem Kapitel wird die Nutzung der Brennstoffzelle im öffentlichen Nahverkehr betrachtet. Zunächst wird ein beispielhafter Anwendungsraum beschrieben, auf den sich alle Berechnungen beziehen. Verglichen wird der Einsatz von Brennstoffzellen-Bussen mit batteriebetriebenen Elektrobussen. Neben den Anschaffungs- und Betriebskosten werden auch die Emissionen über die gesamte Wertschöpfungskette betrachtet.

2.1 Beschreibung des Fallbeispiels

Um die beiden Fahrzeugtypen miteinander vergleichen zu können, wird eine Fahrstrecke beschrieben. Mit den angenommenen Daten dieser Fahrstrecke können alle weiteren Berechnungen durchgeführt werden. Die fiktive Fahrstrecke ist angelehnt an die Buslinie 260 der Regionalverkehr Köln GmbH (RVK). Die Strecke ist 41 km lang und beinhaltet 55 Haltestellen. Für die Gesamtstrecke mit einer Taktung von 30 Minuten werden in etwa zwei Stunden benötigt. An den Wochentagen (Montag bis Freitag) finden jeweils 78 vollständige Fahrten statt. Am Wochenende und an Feiertagen sind es insgesamt 100 Fahrten. Somit ergeben sich in einer regulären Woche ohne einen Feiertag 490 Fahrten (Vgl. RVK GmbH 2019). Auf ein gesamtes Jahr hochgerechnet ergeben sich dabei 1.029.014 km Gesamtstrecke und 25.098 Fahrten. Für einen Fahrerwechsel werden zusätzlich 5 min eingerechnet. Somit werden mindestens neun Busse benötigt, um die vorgegebene Frequenz von 30 min an den Wochentagen aufrecht zu erhalten. Diese Anzahl der Busse steht nur dann zur Verfügung, wenn für das Laden oder Betanken die gleiche Zeit benötigt wird, wie für das Betanken mit dem Dieselkraftstoff. Die genaue Lade- bzw. Tankzeit wird in den jeweiligen spezifischen Kapiteln berechnet.

Der Betriebshof des Verkehrsbetriebes sowie die Wasserstofftankstelle befindet sich ca. 31 km hinter der Starthaltestelle und ca. 10 km vor der Endhaltestelle. Diese Annahme ist angelehnt an die realen Bedingungen der Buslinie 260 der RVK.

2.2   Rahmenbedingungen

Zur weiteren Berechnung wird als Wasserstoffbus der A330 Fuel-Cell Europe Bus der Firma Van Hool verwendet. Dieser Bus wird unter anderem bei der Regionalverkehr Köln GmbH eingesetzt. Für die Berechnungen im Batteriebetrieb wird der Elektrobus S12 der Firma Sileo genutzt.

2.2.1   Brennstoffzellen-Bus (A330 Fuel Cell Europe)

Der Brennstoffzellen-Bus ist, neben der Brennstoffzelle, den Wasserstofftanks und dem Elektromotor, ebenfalls mit einer kleinen Batterie ausgestattet. Diese dient dazu, Leistungsspitzen abzudecken und die Energie der Rekuperation wieder aufzunehmen. Die PEM-Brennstoffzelle HD6 der Firma Ballard Power Systems Inc. produziert maximal 150 kW.

Die Reichweite beträgt laut Herstellerangaben bei einer Wasserstofftankgröße von 40 kg in etwa 300 km. Alle weiteren Daten sind in Tab. 2.1 aufgeführt.

Tab. 2.1 Datenblatt Brennstoffzellen-Bus A330 FC (Vgl. Van Hool NV 2018)

Brennstoffzelle	Ballard HD6: max. 150 kW (465–730 V)
Antriebsleistung	170 kW Elektromotor (2 × 85 kW)
Energiespeicher	Lithium-Titan-Oxid Batterie, Energiegehalt: 24 kWh, Leistung: 90 kW
Wasserstofftank	40 kg – nutzbar 35–40 kg bei 350 bar
Verbrauch	Ca. 9,2 kg H_2/100 km
Reichweite	Ca. 300 km
Höchstgeschwindigkeit	80 km/h
Anzahl der Passagiere	100 (67 Sitzplätze, 33 Stehplätze)

2.2.2 Batterie-Elektrobus (Sileo S12)

Dieser Batterie-Elektrobus verwendet eine 230 kWh Lithium-Eisenphosphat-Batterie bei einer Betriebsspannung zwischen 450 und 560 V. Die vom Hersteller garantierte Reichweite beträgt 230 km (bis zu 300 km möglich). Alle weiteren wichtigen Kenndaten des Busses sind Tab. 2.2 zu entnehmen (Vgl. Sileo GmbH o. J.).

2.3 Berechnungen für die Emissionen, Rohstoffe und Kosten

Mit den bereits getroffenen Annahmen erfolgen nun die Berechnungen. Die wichtigsten Nebenbedingungen und Berechnungen werden in diesem Kapitel beschrieben. Alle detaillierten Berechnungen und Kennwerte finden sich in folgenden Ausführungen.

Zu den Emissionen zählen realitätsgetreu auch die Feinstaubabrieb-Emissionen der Reifen und Bremsen. Bei der Emissionsberechnung werden 31 mg/km für den Reifenabrieb und 24,5 mg/km für den Bremsabrieb festgelegt (Vgl. Quass et al. 2008, S. 8).

2.3.1 Basisinformationen für die Nutzenergie der Strecke

Abschn. 2.1 ist zu entnehmen, dass sich auf der Busstrecke 55 Haltestellen befinden und die Fahrzeit ca. 120 min beträgt. Zusätzlich wird angenommen, dass der Bus bei ca.15-maligem verkehrsbedingtem Anhalten jeweils 70 Mal anfahren und

Tab. 2.2 Datenblatt Elektrobus Sileo S12 (Vgl. Sileo GmbH o. J.)

Antriebsbatterie	230 kWh Lithium Eisenphosphat
Maximale Leistung	240 kW (2 × 120 kW Motoren)
Reichweite	230 km garantiert/300 km möglich
Höchstgeschwindigkeit	75 km/h
Ladezeit	Von 4 kW/50h bis zu 100 kW/2h
Anzahl der Passagiere	79 (41 Sitzplätze, 38 Stehplätze)
Zulässiges Gesamtgewicht	18 t

abbremsen muss. Die Beschleunigung beträgt dabei 0,56 m/s^2 und der Bus benötigt 25 s, um auf die Geschwindigkeit von 50 km/h zu beschleunigen und eben solange zum Abbremsen. Es wird angenommen, dass sich 30 Passagiere (ca. 75 kg pro Passagier) durchschnittlich im Bus befinden. Zusammen mit dem Fahrzeuggewicht und dem Rollwiderstands-Koeffizienten (Crr = 0,01) kann berechnet werden, wie viel Energie zur Beschleunigung, zum Abbremsen und für den normalen Fahrbetrieb aufgebracht werden muss. Des Weiteren kann mit den Angaben der Busgröße, der Luftdichte und dem Strömungswiderstands-Koeffizienten der Luftwiderstand berechnet werden. Mit diesen Informationen kann anschließend die Nutzenergie pro Strecke errechnet werden.

Die Gesamtmasse der Passagiere liegt im Durchschnitt bei 2250 kg, wenn sich durchschnittlich 30 Passagiere im Bus befinden. Addiert mit dem Fahrzeuggewicht liegt die Gesamtmasse bei 20,3 t für den Wasserstoffbus und bei 22,3 t für den Elektrobus. Der Elektrobus ist laut Herstellerangaben 2 t schwerer als der Wasserstoffbus, dieser Unterschied ist auf die Lithium-Ionen-Batterie zurückzuführen. Multipliziert mit der Erdanziehungskraft (g = 9,81 m/s^2) beträgt die Gesamtgewichtskraft 198.653 N für den Wasserstoffbus und 218.273 N für den Elektrobus. Zusammen mit dem Rollwiderstands-Koeffizienten (Crr = 0,01) liegt die Rollwiderstands-Kraft bei 1987 N bzw. 2183 N, über die gesamte Strecke von 41 km beträgt die Nutzenergie des Rollwiderstands:

$$F \text{ Rollwiderstand FC} - \text{Bus} = 1987\,\text{N} * 41\,\text{km} = 81.467\,\text{kNm} \qquad (2.1)$$

$$F \text{ Rollwiderstand BE} - \text{Bus} = 2183\,\text{N} * 41\,\text{km} = 89.492\,\text{kNm} \qquad (2.2)$$

Der A330 Fuel Cell Bus und der Elektrobus Sileo S12 haben eine Höhe von 3 m und eine Breite von 2,5 m. Die vordere Fläche des Busses beträgt somit 7,5 m^2. Der Strömungswiderstandskoeffizient, der cw-Wert des Busses wird angenommen, 0,7 zu betragen. Die Luftdichte beträgt $\rho = 1,2$ kg/m^3 (Pa).(Vgl. Deutscher Wetterdienst o. J.). Die Nutzenergie für den Luftwiderstand (2.3) besteht aus dem Luftwiderstandskraft für die Länge, die der Bus die Durchschnittsgeschwindigkeit fährt (2.4), addiert mit dem Luftwiderstandskraft für die Länge der Beschleunigung (2.5).

$$E = F_{\text{vmax}} * l_{\text{vmax}} + F_a * l_a \qquad (2.3)$$

$$F_{\text{vmax}} = \frac{1}{2} * \rho * v_{\text{max}}^2 * C_W * A_{\text{Bus}} \qquad (2.4)$$

$$F_a = \frac{1}{2} * \rho * v_a^2 * C_W * A_{\text{Bus}} \qquad (2.5)$$

Durch die Annahme, dass der Bus auf der Strecke von 41 km insgesamt 70-mal anfahren und 70-mal abbremsen muss und eine durchschnittliche Beschleunigung bzw. Verzögerung von 6,94 m/s (2.6) hat, ergeben sich 24 km für die positive bzw. negative Beschleunigung.

$$a = \frac{v_{max}}{t} \tag{2.6}$$

Und demzufolge 17 km Strecke, an dem der Bus die durchschnittliche Höchstgeschwindigkeit (v-max.) von 50 km/h fährt. Die Luftwiderstandskraft bei v-max. beträgt 608 N und bei der Beschleunigung 152 N. Über die Strecke von 41 km ergibt sich für den Luftwiderstand die Nutzenergie von 13.836 kNm bzw. 14 MJ.

Die kinetische Energie (2.7) des Busses beträgt beim Brennstoffzellen-Bus 1.953.125 J und beim Batterie-Elektrobus 2.146.026 J.

$$E_{kin} = \frac{1}{2} * m * v^2 \tag{2.7}$$

Die Nutzenergie für 70 Beschleunigungen über je 25 s beträgt pro Strecke 137 MJ (Brennstoffzellen-Bus) bzw.150 MJ (Batterie-Elektrobus). 50 % dieser kinetischen Energie kann über die Bremse zurückgewonnen werden.

Die gesamte Nutzenergie für eine Strecke ergibt zusammenaddiert:

$$\text{Nutzenergie pro Strecke FC} - \text{Bus} = 81\,\text{MJ} + 14\,\text{MJ} + 137\,\text{MJ} = 232\,\text{MJ} \tag{2.8}$$

$$\text{Nutzenergie pro Strecke BE} - \text{Bus} = 89\,\text{MJ} + 14\,\text{MJ} + 150\,\text{MJ} = 253\,\text{MJ} \tag{2.9}$$

Unter Berücksichtigung der regenerativen Bremse reduziert sich die Gesamt-Nutzenergie beim Brennstoffzellen-Bus um 68,5 MJ auf 163,5 MJ, und um 75 MJ auf 178 MJ beim Batterie-Elektrobus. Die regenerative Bremse kann beim Verzögern 50 % der kinetischen Nutzenergie zurück in die Batterie einspeisen. Die potenzielle Energie muss nicht betrachtet werden, da die Bus-Strecke in beide Richtungen befahren wird.

2.3.2 Brennstoffzellen-Bus (FC-Bus)

Wie bereits im Abschn. 1.1 beschrieben, ist Wasserstoff nur dann als „grün" zu bezeichnen, wenn die Elektrolyse mit erneuerbaren Energien durchgeführt und der Wasserstoff nicht durch das Dampfreformierungsverfahren hergestellt wird. Daher wird in den Berechnungen davon ausgegangen, dass der Wasserstoff mit erneuerbaren Energien erzeugt wird. Die Batterieproduktion erfolgt in der Serienfertigung in Asien. Dabei wird die Annahme getroffen, dass dort keine erneuerbaren Energien genutzt werden, sondern ein Strom-Mix mit durchschnittlich 721 g CO_2/kWh (Vgl. Gu et al. 2015, S. 2440).

Der untere Heizwert von Wasserstoff beträgt 120 MJ/kg, der obere Heizwert 141,86 MJ/kg (Vgl. Linde Gas GmbH o. J.). Bei einer PEM-Brennstoffzelle liegt der elektrische Wirkungsgrad für die Zellen in etwa bei 55 % (Vgl. Pioch et al. 2008; Energieagentur.NRW 2019). Für die weiteren Berechnungen wird ein Wert von 55 % angenommen. Für den elektromechanischen Wirkungsgrad sind keine hohen Verluste zu erwarten, daher wird ein Wirkungsgrad von 95 % angenommen. Aus Abschn. 2.3.1 ist bekannt, dass die Nutzenergie bei ca. 164 MJ liegt. Unter der Berücksichtigung der Verluste durch den elektrischen und den elektromechanischen Wirkungsgrad, müssen 313 MJ Energie für eine Strecke aufgewendet werden. Somit liegt der Verbrauch pro Strecke bei ca. 2,6 kg Wasserstoff, ausgehend vom unteren Heizwert. Der Verbrauch auf 100 km liegt bei 6,4 kg. Dabei ist zu beachten, dass die regenerative Bremse eingerechnet wurde. Der Bushersteller gibt den Verbrauch mit 9,2 kg an ohne Einberechnung der regenerativen Bremse.

Der Wasserstofftank des Busses fasst 40 kg bei 350 bar (Vgl. Van Hool NV 2018). Bei einem 350 bar Drucktank liegt die maximale Betankungsrate bei 60 g H_2 pro Sekunde. Um den 40 kg Tank zu füllen dauert es in etwa 12 Min. Verglichen mit dem Dieselkraftstoff unterscheidet sich die Betankungszeit nur minimal (Vgl. Arlt et al. 2017, S. 10 ff.). Daher kann die Annahme aus Abschn. 2.1 bestätigt werden, dass bei einem täglichen Fahrtakt von 30 Min. pro Strecke insgesamt neun Busse benötigt werden. Somit muss jeder Bus die Strecke pro Tag 8,2 Mal befahren. Bei dem Tankinhalt von 40 kg Wasserstoff kann ein Bus die Strecke ca. 15 Mal befahren, ohne nachzutanken. Somit kann die Betankung erfolgen, wenn der Bus nicht eingesetzt wird.

Der Wasserstoff kann, wie bereits beschrieben, nur mittels Elektrolyse, welche mit erneuerbaren Energien betrieben wird, grün produziert werden. Da davon auszugehen ist, dass Wasserstoff zukünftig auf diese Weise hergestellt wird, betrachtet der Anwendungsfall im ersten Schritt nur die Elektrolyse und keine anderen Herstellungsverfahren (Vgl. Michalski et al. 2019, S. 64). Um im zweiten Schritt eine bessere Vergleichbarkeit herzustellen, wird auch das Dampfreformierungsverfahren betrachtet. Es wird von einem Wirkungsgrad von 65 % bei der Herstellung des Wasserstoffes mittels Elektrolyse ausgegangen. Daraus folgt, dass bei dem unteren Heizwert von 120 MJ/kg für ein Kilogramm Wasserstoff 185 MJ Energie zur Herstellung aufgebracht werden muss. Durch die Annahme, dass der Wasserstoff mit erneuerbaren Energien produziert wird, entstehen auch keine Kohlenstoff- oder Stickstoffdioxide. Über die gesamte Wertschöpfungskette betrachtet entstehen aber Emissionen bei dem Rohstoffabbau und der Produktion für die erneuerbaren Energien, z. B. für Generatoren und Turbinen. Diese werden hier allerdings nicht betrachtet.

Über die Produktion der PEM-Brennstoffzelle sind wenig Daten zum Energieverbrauch und zu den entstehenden Emissionen bekannt. In der Produktlebenszyklusanalyse von Evangelisti et al. von 2017 werden drei wissenschaftlich bekannte Quellen miteinander verglichen. Die Emissionswerte in dieser Studie variieren zwischen 25–42 kg CO_2-Emissionen pro Kilowattstunde Energiespeicher für die Produktion eines PEMFC-Stacks inklusive der Anbauteile und des Wasserstofftanks (Vgl. Evangelisti et al. 2017, S. 31 f.). Für die weiteren Berechnungen in dieser Arbeit wird der Wert 33 kg CO_2-Emissionen pro kW angenommen. Die im Bus verbaute Brennstoffzelle der Firma Ballard hat eine Leistung von 150 kW. Es entstehen also 4950 kg CO_2 bei der Brennstoffzellenproduktion für einen Bus. Zusätzlich entstehen 0,42 g Stickstoffoxide pro kWh und 0,01 g Feinstaub pro kWh. Dabei wird davon ausgegangen, dass in China produziert wird und 721 g CO_2/kWh entstehen. Mit der Formel (2.10) ergeben sich also 68,65 g Feinstaubemissionen und mit der Formel (2.11) 2910,96 g Stickstoffoxid-Emissionen bei der Produktion eines Brennstoffzellen-Busses.

$$\text{Feinstaubemissionen}[\text{kg}] = CO_2 \text{ Emissionen}[\text{kg}] * \frac{0{,}01}{721} \qquad (2.10)$$

$$\text{Stickstoffoxidemissionen}[\text{kg}] = CO_2 \text{ Emissionen}[\text{kg}] * \frac{0{,}424}{721} \qquad (2.11)$$

Die Batterie, die auch im Brennstoffzellen-Bus für Lastspitzen und zur Speicherung der rückgewonnenen Bremsenergie verbaut ist, ist laut Hersteller 24 kWh groß. Pro kWh Energie werden in der Produktion ca. 150 g Lithium benötigt (Vgl. März 2019; Wunderlich-Pfeiffer 2015). In der 24 kWh Lithium-Ionen-Batterie sind also 3,6 kg Lithium verbaut. Pro Kilowattstunde Speicherkapazität wird zwischen 97 und 180 kWh Energie in der Produktion verbraucht (Vgl. Leiva 2017). Für die Berechnung wird festgelegt, dass 140 kWh pro Kilowattstunde Speicherkapazität verbraucht werden. Für die Beispielbatterie wurden also bei der Produktion 3360 kWh Energie aufgewendet. In der ersten Annahme dieses Beispiels wurde festgelegt, dass die Batterie-Produktion in China erfolgt, dort liegt der Kohlenstoffdioxid-Wert für den Strommix bei 721 g CO_2/kWh (Vgl. Gu et al. 2015, S. 2240). Die Produktion der Batterie in China verursacht also 2.422 kg CO_2, für die gesamte Fahrzeugflotte also 21.803 kg CO_2. Die Batterielebenszeit wird auf 10 Jahre prognostiziert.

Für die Rohstoffe, welche für die Brennstoffzelle verwendet werden, existieren nur wenige wissenschaftliche Quellen. In dem Artikel ‚Ionomer distribution control in porous carbon-supported catalyst layers for high-power and low Pt-loaded proton exchange membrane fuel cells‘ von Ott et al., werden 30 g Platin für eine Brennstoffzelle im Automobilbereich angenommen (Vgl. Ott et al. 2019). Die Brennstoffzelle, die im A330 Bus verbaut ist, hat eine Leistung von 150 kW. Diese Brennstoffzelle der Firma Ballard gibt es auch für den automobilen Bereich mit 75 kW (Vgl. Ballard Power Systems Inc. o. J.). Unter der Annahme, dass die 30 g Platin pro Automobil-Brennstoffzelle auf die Größe einer 75 kW-Brennstoffzelle bezogen ist, kann angenommen werden, dass 60 g Platin für die 150 kW-Brennstoffzelle des Busses benötigt werden. Der gesamte Platinbedarf für neun Busse beträgt demzufolge 540 g.

Für einen Vergleich der Emissionen wird der Wasserstoff für den Brennstoffzellen-Bus neben dem beschriebenen Elektrolyseverfahren mit erneuerbaren Energien, auch mit dem Dampfreformierungsverfahren beschrieben. Die Herstellung des Wasserstoffes wird, wenn keine erneuerbaren Energien zur Verfügung stehen, mit dem Dampfreformierungsverfahren (DR) hergestellt. Grundlage dieser Entscheidung ist, dass die Emissionen bei der Elektrolyse mit dem deutschen Strommix deutlich höher sind als bei der Dampfreformierung. Pro Kilogramm Wasserstoff werden bei der Dampfreformierung 10,28 kg CO_2-Emissionen, 0,105 g Stickstoffoxide und 2,47 mg Feinstaub ausgestoßen.

2.3.3 Batterie-Elektrobus (BE-Bus)

Für den Batterie-Elektrobus wird angenommen, dass die 240 kWh Lithium-Ionen-Batterie, wie auch die des Brennstoffzellenbusses, in China produziert wird. Der dortige Strom-Mix hat durchschnittlich 721 g Kohlenstoffdioxid pro kWh (Vgl. Gu et al. 2015, S. 2440).

In Abschn. 2.3.1 wurde die Nutzenergie pro Strecke berechnet. 178 MJ bzw. 50 kWh Nutzenergie werden pro Strecke benötigt. Die Lithium-Ionen-Batterie hat einen Wirkungsgrad von nahezu 100 % (Vgl. Korthauer 2013, S. 16). Somit wird der coulombsche Wirkungsgrad mit 99 % festgelegt. Der elektromechanische Wirkungsgrad des Antriebs mit 95 % und die elektrische Energieeffizienz beim Laden mit 92,5 %. Durch diese Verluste muss pro Strecke eine zusätzliche Energie von 27 MJ aufgebracht werden, addiert mit der bereits genannten Nutzenergie sind das 205 MJ bzw. 57 kWh pro Strecke. Der Verbrauch pro 100 km liegt also bei 139 kWh.

Die verbaute Batteriekapazität von 230 kWh erlaubt es also die 41 km lange Strecke viermal ohne Ladevorgang zu befahren. Die Ladezeit beträgt maximal 50 kWh pro Stunde (Vgl. Sileo GmbH o. J.). Also dauert ein gesamter Ladevorgang 4,8 h. Durch die reine Fahrzeit bei dem Takt von 30 min kann ein Bus ohne Ladevorgang die Strecke maximal 8,2-mal pro Tag fahren. Somit sind pro Bus zwei Ladevorgänge pro Tag nötig. Die Annahme aus Abschn. 2.1, dass neun Busse benötigt werden (ohne die Berücksichtigung von Lade- und Tankzeiten) muss somit korrigiert werden. Zwei Ladevorgänge pro Bus dauern 9,6 h, bezogen auf einen Tag liegt die Effizienz pro Bus pro Tag bei 60 %. Diese Effizienz muss durch die Anzahl der Busse kompensiert werden. Es sind also 15 Batterie-Elektrobusse notwendig, um den täglichen Takt von 30 min einzuhalten.

Die 230 kWh Lithium-Ionen-Batterie wird vermutlich ebenfalls in China produziert werden. Es wird, wie auch beim Brennstoffzellen-Bus, angenommen, dass 140 kWh Energie pro Kilowattstunde Speicherkapazität verbraucht werden. Für die Produktion einer Batterie werden also 32.200 kWh Energie benötigt. Die Bereitstellung dieser Energie verursacht in China bei dem dortigem Strommix 721 g CO_2/kWh (Vgl. Gu et al. 2015, S. 2240), also werden bei einer Batterie 23.216 kg CO_2 ausgestoßen. Zusätzlich entstehen 0,42 g Stickstoffoxide pro kWh und 0,01 g Feinstaub pro kWh, also 13.652,68 g NO_x und 322 g Feinstaubemissionen bei der Produktion einer Batterie. Die Lebensdauer der Batterie wird auf zehn Jahre geschätzt, da diese täglich ge- und entladen wird und somit höher beansprucht wird als die eines üblichen Batterie-Elektrofahrzeugs. Mit der getroffenen Annahme, dass pro Kilowattstunde Speicherenergie 150 g Lithium benötigt werden, werden pro Batterie insgesamt 34,5 kg Lithium benötigt (Vgl. März 2019; Wunderlich-Pfeiffer 2015).

Für die Aufladung der Batterie wird in Deutschland produzierter Strom genutzt, dieser verursacht ca. 490 g CO_2 pro Kilowattstunde (Vgl. Umweltbundesamt 2019). Das Aufladen einer Batterie mit 230 kWh Speicherkapazität verursacht also 112,7 kg CO_2. Bezogen auf die Nutzenergie von 57 kWh, die pro Strecke aufgebracht werden muss, werden 27,92 kg Kohlenstoffdioxid ausgestoßen. Hinzu kommen 16,42 g Stickstoffdioxid und 1773,3 mg Feinstaub (31 mg/km Reifenabrieb & 24,5 mg/km Bremsabrieb (Vgl. Quass et al. 2008, S. 8.)). Insgesamt ergeben sich für die Nutzungsphase in einem Jahr also 700,68 t CO_2, 606,3 kg NO_x und 44,5 kg Feinstaub.

Für den folgenden Vergleich der Emissionen wird der Batterie-Elektrobus neben dem beschriebenen Strommix auch rein mit erneuerbaren Energien betrieben.

2.3.4   Vergleich der Emissionen und Rohstoffe

Die berechneten Werte aus den vorigen Kapiteln werden in diesem Kapitel zusammengefasst, um die Werte besser vergleichen zu können. Die hochgerechneten Werte für ein Jahr beziehen sich darauf, dass der Bus zehn Jahre lang genutzt wird. Emissionen der Produktion werden über diese zehn Jahre anteilig berechnet. Feinstaubwerte, die bei erneuerbaren Energien erzeugt werden, liegen nicht vor und können somit nicht berücksichtigt werden (Tab. 2.3).

Abb. 2.1 zeigt in logarithmischer Darstellung die Jahresemissionswerte für die CO_2-Emissionen. Beim Betrieb mit Wasserstoffbussen, mit Batterie-Elektrobussen,die mit Strom aus erneuerbaren Energien geladen werden und mit Batterie-Elektrobussen, die mit Strom aus dem deutschen Strommix geladen werden.

Die Stickstoffoxid-Emissionen sind in Abb. 2.2 logarithmisch dargestellt.

Bei den Rohstoffen ist nur der Anteil für Lithium pro Batterie und Platin pro Brennstoffzelle bekannt. Bei allen anderen Rohstoffen wie z. B. Graphit und Kupfer bei der Brennstoffzelle und Kobalt und Kupfer bei der Batterie, ist nicht durch wissenschaftliche Quellen belegt, welche Mengen an Rohstoffen verbaut werden. Die fehlenden Werte müssen in der Zusammenfassung zwingend berücksichtigt werden. Abb. 2.3 zeigt den Lithiumverbrauch in logarithmischer Darstellung. Wichtig zu beachten ist, dass die Batterie beim Batterie-Elektrobus der Hauptenergiespeicher (230 kWh) ist, während beim Brennstoffzellen-Bus

Tab. 2.3 Vergleich der Emissionen

	FC-Bus (EE)	FC-Bus (DR)	BE-Bus (Strommix)	BE-Bus (EE)
CO_2 Emissionen pro Strecke	0 kg	27 kg	27,92 kg	0 kg
NO_X Emissionen pro Strecke	0 g	0,27 g	16,42 g	0 g
Feinstaub pro Strecke	1773,3 mg	1773,3 mg	1773,3 mg	1773,3 mg
CO_2 Emissionen pro Jahr	2,2 t	680 t	736 t	36 t
NO_X Emissionen pro Jahr	1,28 kg	6,88 kg	432,5 kg	20,5 kg
Feinstaub pro Jahr	44,5 kg	44,5 kg	44,5 kg	44,5 kg

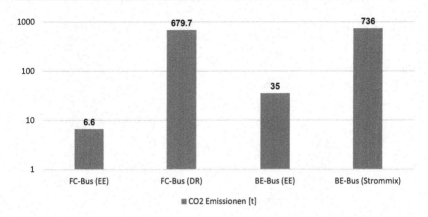

Abb. 2.1 CO_2 – Emissionen pro Jahr

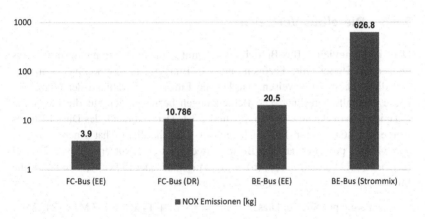

Abb. 2.2 NO_X – Emissionen pro Jahr

die Batterie nur eine zusätzliche Unterstützung (24 kWh) zur Brennstoffzelle bietet.

Der Platinverbrauch liegt nur bei der Brennstoffzelle vor. Für einen Brennstoffzellen-Bus werden 60 g Platin benötigt. Für alle Fahrzeuge werden also insgesamt 540 g Platin verwendet.

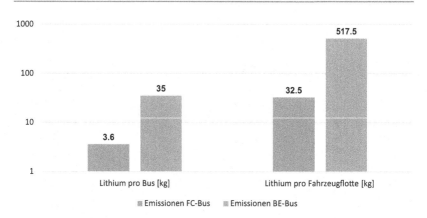

Abb. 2.3 Lithiumverbrauch

2.3.5 Dieselbus-Vergleich

Der herkömmliche Bus-Betrieb wird mit einem Verbrennungsmotor-Bus umgesetzt. Dieser gilt, bezogen auf die Emissionen, als weniger effizient. Um diese These zu beweisen, wurden die Emissionen während der Nutzungsphase ebenfalls berechnet. Die Berechnungen beziehen sich auf die identische Beispiel-Busstrecke aus Abschn. 2.1 und 2.3.1. Der Verbrauch des Diesel-Busses wurde mit 46,06 L für 100 km berechnet. Dieselkraftstoff hat einen Heizwert von 34,7 MJ pro Liter hat. Die Beispielstrecke hat eine Nutzenergie von 243 MJ (2.12). Abzüglich thermischer (61 %) und mechanischer (5 %) Verluste ist für die Strecke eine Nutzenergie von 655 MJ erforderlich.

$$\text{Nutzenergie pro Strecke Diesel} - \text{Bus} = 85\,\text{MJ} + 14\,\text{MJ} + 143\,\text{MJ} = 243\,\text{MJ}$$

$$(2.12)$$

Während der Verbrennung eines Liters Dieselkraftstoff produziert der Motor 2,65 kg CO_2-Emissionen, somit verursacht der Diesel-Bus pro Strecke 50 kg Kohlenstoffdioxid und 322 g Stickstoffoxide. Außerdem verursacht die Verbrennung zusätzlich 4,5 mg/kWh Feinstaubpartikel. Über die Nutzenergie pro Strecke und den bereits bekannten Werten für den Reifenabrieb und den Bremsabrieb ergeben sich 2578,97 mg Feinstaub pro Stecke. Die jährlichen Emissionen der gesamten Fahrzeugflotte liegen bei 1,256 t CO_2, 8,09 t NO_x und 64,73 kg Feinstaub.

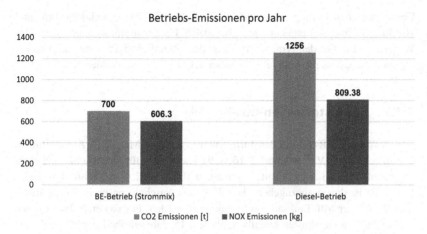

Abb. 2.4 Emissionen des Diesel-Busses und des Batterie-Elektrobus (Strommix)

In Abschn. 2.3.4 wurde deutlich, dass der Betrieb der Beispielstrecke mit dem Batterie-Elektrobus, aufgeladen mit dem deutschen Strommix, am meisten Emissionen ausstößt. In Abb. 2.4 werden diese Emissionen während der Nutzungsphase, mit den Emissionen der Diesel-Busse verglichen. Es ist deutlich zu erkennen, dass die Elektromobilität auch im ungünstigsten Fall weniger Emissionen als der herkömmliche Diesel-Verbrennungsmotor ausstößt.

2.4 Betrachtung der Wirtschaftlichkeit

In diesem Kapitel werden die Kosten aufgeführt, welche für die Einführung der jeweiligen Technologie anfallen. Außerdem werden die Jahreskosten für den Betrieb ermittelt. Darin enthalten sind die Personalkosten, Energiekosten, Instandhaltungs- und Wartungskosten. Abschließend wird die Wirtschaftlichkeit über einen Zeitraum von 15 Jahren betrachtet.

Die Kosten für einen Busfahrer werden mit 30.000 EUR pro Jahr angenommen, hinzu kommt eine prognostizierte jährliche Inflation von 1,4 %.

In beiden Anwendungsfällen wird pro Tag eine Reinigungs-Pauschale von 50 EUR pro Fahrzeug berechnet. Außerdem werden 10 % der gesamten Betriebskosten für die Gemeinkosten berechnet.

Es wird angenommen, dass pro Personenkilometer 0,06 EUR durch den Fahrkartenverkauf eingenommen werden. Bei einer durchschnittlichen

Gesamtnutzenauslastung von 30 %, bei 1.029.014 Fahrzeugkilometern und 100 Plätzen pro Bus ergeben sich 30.870.408 Personenkilometer pro Jahr. Des Weiteren wird für den Transportvertrag des öffentlichen Personennahverkehrs angenommen, dass pro Fahrzeugkilometer 1,10 EUR subventioniert werden.

2.4.1 Brennstoffzellen-Bus-Betrieb

Für die Wasserstoff-Tankstellen-Infrastruktur werden 1 Mio. EUR Anschaffungs-kosten berechnet (Vgl. Bonhoff 2016, S. 9). Die Kosten für die Anschaffung eines Brennstoffzellen-Busses belaufen sich auf 650.000 EUR (Vgl. Adolf et al. 2017, S. 43). Es ist davon auszugehen, dass 25 % des Anschaffungspreis für die Busse und die Wasserstoff-Tankstelle subventioniert werden. Für das erste Jahr werden 3 % Instandhaltungskosten kalkuliert, ab dem 15. Jahr erhöhen sich diese Kosten auf 6 %.

Das totale Investment für eine Wasserstoff-Tankstelle und neun Brennstoffzellen-Bussen inklusive Instandhaltungskosten und abzüglich Sub-ventionen beträgt somit 5.313.000 EUR.

Der Preis für den Wasserstoff wird mit 6,5 EUR/kg angenommen. Der Preis für den Endkunden liegt bei 9,5 EUR/kg. Es wird aber davon ausgegangen, dass die Verkehrsbetriebe den Wasserstoff um ca. 3 EUR/kg günstiger einkaufen (Vgl. ebd., S. 49). Die Kosten für den Wasserstoff betragen pro Jahr somit 425.776 EUR.

Für den Betrieb mit Brennstoffzellen-Bussen werden 82.094 h Fahrerkapazi-tät pro Jahr kalkuliert. Ein Fahrer hat dabei eine Jahreskapazität von 1500 h. Es werden demnach 55 Fahrer für den Busbetrieb pro Jahr benötigt. Die Personal-kosten für den Brennstoffzellen-Betrieb betragen 1.641.886 EUR/Jahr.

2.4.2 Batterie-Elektrobus-Betrieb

Die Anschaffungskosten für den S12 Batterie-Elektrobus belaufen sich auf 500.000 EUR (Vgl. Knote et al. 2017, S. 13). Hinzu kommen ca. 50.000 EUR für die Ladeinfrastruktur. Auch bei diesen beiden Investitionen ist eine Subvention von 25 % zu erwarten. Die Instandhaltungskosten für das erste Jahr werden mit 2 % kalkuliert und ab dem 15. Jahr mit 4 %.

Das totale Investment für 15 Batterie-Elektrobusse und die Ladeinfrastruktur inklusive Instandhaltungskosten und abzüglich Subventionen beträgt somit 5.812.500 EUR.

Pro Kilowattstunde wir ein Preis von 0,18 EUR angenommen. Die Ladekosten belaufen sich somit auf 257.393 EUR pro Jahr.

Für den Batterie-Elektrobus Betrieb werden 82.094 h berechnet. Ein Fahrer hat dabei eine Jahreskapazität von 1500 h. Es werden demnach 55 Fahrer für den Busbetrieb pro Jahr benötigt. Die Personalkosten für den Batterie-Elektrobus Betrieb liegen bei 1.641.886 EUR/Jahr.

2.4.3 Gewinn und Verlustrechnung

Die Gewinn- und Verlustrechnung wurde für die ersten 15 Jahre erstellt und beginnt im Jahr 2020. Darin enthalten sind alle Erkenntnisse und Werte, die in Abschn. 2.4 bisher beschrieben wurden.

Der größte Unterschied der Gewinn- und Verlustrechnung entsteht bei den Kraftstoffkosten. Die Kosten für den Wasserstoff sind um 65,42 % höher als die Kosten für den Strom. Die Instandhaltungskosten sind beim Betrieb mit Wasserstoff um 16,6 % höher. Bei der Reinigungspauschale sind die Kosten mit den Batterie-Elektrobussen um 61 % höher, da insgesamt sechs weitere Busse eingesetzt werden müssen. Der EBIT des Batterie-Elektrobus-Betrieb ist im ersten Jahr um 139,70 % höher als beim Brennstoffzellen-Betrieb. Nach 15 Jahren ist der EBIT des Batterie-Elektrobus-Betriebs um 48,04 % höher als der EBIT des Brennstoffzellen-Betriebs.

2.4.4 Rentabilitätsbetrachtung

Unter der Annahme, dass alle Verbindlichkeiten bei beiden Betriebsvarianten gleich sind, kann die Rentabilität berechnet und verglichen werden. Die getroffenen Annahmen wurden in die jeweilige Bilanz aufgenommen. Der EBIT und das eingesetzte Kapital nehmen jedes Jahr zu. Im ersten Jahr liegt der ROCE (Return on Capital Employed) beim Brennstoffzellen-Betrieb bei 2,9 % und beim Batterie-Elektro-Betrieb bei 4,1 %. Das liegt daran, dass der EBIT des Batterie-Elektro-Betriebs höher ist als der des Brennstoffzellen-Betriebs. Über die Nutzungsjahre steigt der ROCE bei beiden Varianten an. Nach 15 Jahren, im Jahr 2034, liegt der ROCE beim Brennstoffzellen-Betrieb bei 10,4 % und beim Batterie-Elektrobetrieb bei 9,6 %.

Dieser Unterschied liegt unter anderem auch daran, dass der Transportvertrag des öffentlichen Nahverkehrs für beide Varianten auf 1,1 EUR pro Fahrzeugkilometer gesetzt wurde. Dadurch ist beim Batterie-Elektrobetrieb deutlich mehr Kapital in der Bilanz gebunden als beim Brennstoffzellen-Betrieb. Was unter anderem daran liegt, dass beim Batterie-Elektrobetrieb 15 Busse benötigt werden und beim Brennstoffzellen-Betrieb nur 9. Nach 15 Jahren Nutzung liegt das eingesetzte Kapital im Batterie-Elektrobetrieb bei 5.088.050 EUR und im Brennstoffzellen-Betrieb bei 3.318.659 EUR. In der Realität würde der Transportvertrag vermutlich angepasst werden. Zur Vergleichbarkeit der beiden Varianten bleibt dieser Wert in dieser Simulation allerdings gleich.

2.5   Zusammenfassung der Ergebnisse

Das Ziel dieses Kapitels war es, die Nutzung von Brennstoffzellen-Bussen im öffentlichen Personennahverkehr mit der Nutzung batterieelektrischer Busse zu vergleichen. Um eine Vergleichbarkeit zu schaffen, wurde eine beispielhafte Busstrecke beschrieben. Der Brennstoffzellen-Bus A330 der Firma Van Hool und der batteriebetriebene Elektrobus Sileo S12 dienten als Beispiel für diesen Vergleich.

Bei der Berechnung der Nutzenergie wurde deutlich, dass der batteriebetriebene Elektrobus durch die Lithium-Ionen-Batterie ein höheres Gewicht als der Brennstoffzellen-Bus hat. Das Gewicht des batteriebetriebenen Elektrobusses ist, wie auch der Rollwiderstand, um 9,85 % höher. Die aufzubringende Nutzenergie pro Strecke ist somit inklusive regenerativem Bremssystem beim batteriebetriebenen Elektrobus um 8,87 % höher als beim Brennstoffzellen-Bus.

Der Verbrauch wurde über die Nutzenergie für die Beispielstrecke und anschließend, zur besseren Vergleichbarkeit, für 100 km hochgerechnet. Der Brennstoffzellen-Bus verbraucht inklusive regenerativem Bremssystem 6,4 kg/100 km. Der batteriebetriebenen Elektrobus verbraucht mit selbigen System 139 kWh/100 km. Bei den Annahmen, dass der Wasserstoff 6,5 EUR/kg und der Strom 0,18 EUR/kWh kosten, liegen die Kosten für 100 km beim Wasserstoff bei 41,6 EUR und beim Strom bei 25,02 EUR.

Bei der Verfügbarkeit sowie der Reichweite stellte sich heraus, dass der Brennstoffzellen-Bus einen Vorteil hat. Mit dem 40 kg Tank dauert eine Tankfüllung 12 min (60 g H_2/Sekunde) und der Bus kann die Beispielstrecke 15 Mal ohne nachzutanken befahren. Der batteriebetriebenen Elektrobus verfügt über 230 kWh Batteriekapazität, damit kann der Bus die Beispielstrecke 4 Mal ohne Nachladung befahren. Die Aufladung der Batterie dauert 4,8 h (50 kW/Stunde). Aufgrund der Verfügbarkeit und der Ladezeit müssen bei der Nutzung batterieelektrischer Busse insgesamt 15 Busse angeschafft werden, um die Beispielstrecke mit der vorgegebenen Taktung zu befahren. Für die Nutzung mit wasserstoffbetriebenen Bussen werden nur 9 Busse benötigt. Dieser Unterschied ist entscheidend für die Emissionen und den Rohstoffverbrauch. Vergleicht man die CO_2- Emissionen der Brennstoffzellen-Busse mit denen der batteriebetriebenen Elektrobussen, wobei der Strom aus erneuerbaren Energien bereitgestellt wird, zeigt sich ein großer Unterschied. Die batteriebetrieben Elektrobusse stoßen 427,48 % mehr CO_2- Emissionen aus als die Brennstoffzellen-Busse. Dieser Unterschied liegt an der Produktion der großen Lithium-Ionen-Batterie, welche mehr Emissionen verursacht als die Produktion der Brennstoffzelle. Während der Nutzung liegen die CO_2- Emissionen bei beiden Varianten bei null, da erneuerbare Energien genutzt werden.

Bei den Rohstoffverbräuchen ist ein Vergleich sehr komplex, da nicht eindeutig identifizierbar ist, welche Energiespeicherung sozio-ökologisch besser ist. Für die 15 -batteriebetriebenen Elektrobusse werden 517,5 kg Lithium und zusätzlich Kobalt und Kupfer benötigt, für die neun Brennstoffzellen-Busse werden 32,5 kg Lithium, 540 g Platin und zusätzlich Graphit und Kupfer benötigt. Bei den beiden Varianten wird außerdem noch Elektrolyt-Material benötigt, z. B. Polytetrafluorethylen bei der PEM-Brennstoffzelle. Bei der Analyse der Wertschöpfungsketten wurde bei allen Rohstoffen auf deren sozio-ökologische Missstände hingewiesen. Eine quantitative Bewertung, z.B. durch das Social Life Cycle Assessment ist sehr umfangreich, daher wurde in dieser Arbeit nicht weiter darauf eingegangen.

In der Gewinn- und Verlustrechnung ist der Unterschied der beiden Varianten sehr hoch. Die Investitionskosten für die Wasserstoff-Tankstelle sind höher als für die Ladeinfrastruktur, zudem sind die Betriebskosten mit dem Wasserstoff höher. Der EBIT des Batterie-Elektrobetriebs liegt im ersten Jahr um 139,70 % höher als der EBIT des Brennstoffzellen-Betriebs. Der ROCE liegt beim Batterie-Elektrobetrieb im ersten Jahr bei 4,1 %, beim Brennstoffzellen-Betrieb sind es 2,9 %. Somit sind beide Betriebsvarianten unter den gemachten Annahmen rentabel. Nach 15 Jahren ist der ROCE des Batterie-Elektrobetriebs 9,6 % und beim Brennstoffzellen-Betrieb 10,4 %. Der EBIT ist in diesem Jahr beim Batterie-Elektrobetrieb 42,61 % höher als beim Brennstoffzellen-Betrieb.

Zusammenfassung, Ausblick und Fazit 3

Im Verlauf dieses Essentials wurde die Komplexität der Brennstoffzellen-technologie deutlich. Durch die Analyse der Wertschöpfungsketten des Wasserstoffes, der Lithium-Ionen-Batterie und der Brennstoffzelle wurde ersichtlich, wie umfangreich das Thema ist. Daher wurden hier die wichtigsten Schritte der Supply Chain näher betrachtet, dazu zählen die **Beschaffungslogistik** und die damit verbundenen Rohstoffe, die **Produktion** und der Recyclingprozess, als Teilgebiet der **Entsorgungslogistik.** Über den gesamten Verlauf wurden verschiedene Herausforderungen für die Logistik deutlich, die im Folgenden zusammengefasst dargestellt werden. Neben den logistischen und wirtschaftlichen Herausforderungen wurde auch auf nachhaltige und sozioökologische Schwerpunkte geachtet. Bei der **Anwendung** der Brennstoffzelle im öffentlichen Personennahverkehr konnten in einem Anwendungsbeispiel die Schwerpunkte sowie die Vor- und Nachteile der Technologie herausgearbeitet werden, sodass diese auch auf die Praxis übertragbar sind.

3.1 Zusammenfassung und Ausblick

Beschaffungslogistik
Zur Beschaffungslogistik gehören neben der Herstellung des Wasserstoffes auch der Abbau und die Verarbeitung der Rohstoffe für die Brennstoffzelle und für die Batterie. Folgende Rohstoffe wurden dabei näher betrachtet: Graphit, Kobalt, Kupfer, Lithium und Platin. Bei Kupfererzen sind keine Engpässe bzw. Risiken für die Supply Chain zu erwarten, jedoch bei allen anderen Rohstoffen. Bei Graphit, Platin, Kobalt und Lithium besteht eine hohe Abhängigkeit, da diese Rohstoffe jeweils nur in wenigen Ländern vorkommen und abgebaut

werden. Diese Abhängigkeit führt zu erhöhten Liefer- und Preisrisiken. Die Abbaubedingungen sind in allen betroffenen Ländern für die Menschen und für die Umwelt nicht optimal. Dies führt zu sozialen Unruhen, Wasserknappheit und Langzeitschäden für die Umwelt. Die Unternehmen, welche die Rohstoffe kaufen, sind dafür verantwortlich diese sozialen- und Umweltmissstände zu beseitigen. Ein Problem ist allerdings, dass sich nur wenige Unternehmen in der Verantwortung sehen. Die Verantwortung sollte auf alle nachfolgenden Abnehmer der Rohstoffe in der Wertschöpfungskette verteilt werden. Entlang der gesamten Wertschöpfungskette der Rohstoffe besteht demnach weiterer Handlungsbedarf. Die Unternehmen sind dazu verpflichtet, eine transparente, humanitäre und umweltfreundliche Supply Chain zu schaffen (Vgl. Amnesty International Ltd. 2017). Diese Transparenz sollte auch in die Öffentlichkeit getragen werden, um eine höhere Akzeptanz bei den Kunden zu schaffen und somit auch neue Kunden zu gewinnen.

Produktion
Die Produktion von Wasserstoff ist derzeit nur dann emissionsfrei, wenn das Elektrolyseverfahren mit erneuerbaren Energien betrieben wird. Bei der Analyse der verschiedenen Verfahren wurde ersichtlich, dass das Verbesserungspotenzial sehr hoch ist und es viele verschiedene neue Verfahren gibt, die derzeit erforscht werden (Vgl. Adolf et al. 2017, S. 66). Bisher wird zumeist das Dampfreformierungsverfahren genutzt, dabei werden neben den Emissionen aus der benötigten Energie, zusätzlich weitere Kohlenstoffdioxid Emissionen freigesetzt. In vielen Chemieunternehmen wird Wasserstoff bei anderen chemischen Verfahren als Nebenprodukt produziert. Bei der steigenden Nachfrage an Wasserstoff ist davon auszugehen, dass die Kosten für eine Elektrolyse-Anlage geringer werden und der Wirkungsgrad weiter steigt. Beim Transport des Wasserstoffes hat sich herausgestellt, dass eine dezentrale Erzeugung vorteilhafter als die zentrale Erzeugung ist. Durch die dezentrale Erzeugung werden Wirkungsgradverluste durch den Transport mittels LKWs oder den Transport per Pipeline vermieden (Vgl. ebd., S. 66). Das Wertschöpfungspotenzial von Wasserstoff ist sehr hoch. Unter der Annahme Treibhausgase bis 2050 um 95 % zu senken wird eine Wertschöpfung von 19 Mrd. EUR pro Jahr erwartet.

Bei der Produktion der Lithium-Ionen-Batterie und der Brennstoffzelle liegt die Herausforderung bei der Entwicklung neuer Produktionsverfahren, welche die Verluste und die Produktionszeit minimieren.

Während der Produktion der Polymermembranbrennstoffzelle entstehen Verluste beim Herstellen der Membran-Elektroden-Einheit (MEA). Diese Verluste sind unter anderem durch das Platin sehr teuer. Ein von der EU gefördertes

Projekt ist das *,MAMA-MEA-Projekt'*, welches das Ziel verfolgt, die benötigten Produktionsschichten (inkl. Membran) passgenau aufeinander zu drucken, anstatt wie üblich zu laminieren. Für diese Beschichtung gibt es neben dem Inkjetdruck auch noch den Tiefdruck. Die derzeitigen Zwischenergebnisse gelten als vielversprechend, da weniger Platin recycelt werden muss und dieses Verfahren eine geringe Produktionszeit hat, somit also für die Massenproduktion geeignet ist (Vgl. Willert et al. 2019, S. 217 ff.). Um eine wirtschaftliche und energieeffiziente Batteriefabrik zu planen, sollte die Fertigungsfläche in Klimazonen eingeteilt werden, obwohl dann kein klarer Materialfluss nach der Prozessreihenfolge zu erkennen ist. Die verschiedenen Klimaanforderungen der Teilmodule erfordern diesen Klimazonen-Aufbau der Fabrik. Zusätzlich empfiehlt sich der modulare Aufbau der Bereiche. Damit kann flexibel und schnell auf die dynamische Entwicklung der Batterietechnologie reagiert werden. Ein hoher Automatisierungsgrad erhöht die Qualität und die Prozesssicherheit. Besonders in Trockenräumen, in denen der Mensch eine Feuchtigkeitsquelle ist, sollten automatisierte Prozesse integriert werden (Vgl. Simon 2013, S. 257).

Entsorgungslogistik
Um eine nachhaltige, grüne Technologie zu entwickeln, muss auch der Recycling-Prozess nachhaltig sein. Grundsätzlich ist ein Ziel dabei die Recyclingquote der Brennstoffzelle und der Lithium-Ionen-Batterie weiter zu steigern, diese Steigerung hat auch einen positiven Effekt auf die Rohstoffe. Liefer- und Preisrisiken der Rohstoffe können dadurch verringert werden. Bei der Polymermembranbrennstoffzelle besteht besonders bei der Polymermembran ein hoher Forschungsbedarf der Recycling-Verfahren, da die Polymembran in der Vergangenheit beim Recycling zerstört wurde und der Fokus auf dem Recyclingprozess des Platins lag. Es ist vorteilhaft, wenn die Materialien so weit getrennt werden können, dass sie in standardisierte bestehende Recyclingverfahren eingeführt werden können. Dabei ist bei der Konstruktion und der Entwicklung darauf zu achten, dass ein einheitliches, leicht trennbares System entwickelt wird. Durch einen geschlossenen Materialkreislauf wird auch die Abhängigkeit von Rohstoffen geringer. Die Recycling-Logistik ist gefordert, einen einheitlichen Rückführungsprozess zu gestalten, da die Rücklaufquote einen hohen Anteil an der Recyclingquote hat (Vgl. Richter, Roon 2004, S. 33 ff.; Stahl et al. 2016, S. 219 ff.). Bei der Lithium-Ionen-Batterie ist ebenfalls auf eine effiziente Demontage der Zell- und Modulebene zu achten. Es sollten Standards für ein ,Design to Recycle' gesetzt werden, damit die Demontage automatisiert werden kann (Vgl. Burkert 2018, S. 14; Bernhart 2019, S. 43). Aber auch die Möglichkeit als Second-Life-Speicher sollte nicht außer Acht gelassen werden. Auch

wenn nur noch 50 % der Leistung abgerufen werden kann, können Batterien als stationärer Energiespeicher weiter genutzt werden. Becker, Beverungen, Winter und Menne beschreiben diese Second-Life-Anwendung ausführlich in ihrem Buch ‚*Umwidmung und Weiterverwendung von Traktionsbatterien*‘, erschienen 2019 im Springer Fachmedien Verlag (Vgl. Becker et al. 2019). Außerdem muss eine Logistikkette für gebrauchte Lithium-Ionen-Batterien entwickelt und umgesetzt werden, damit eine sichere Entsorgung für den Kunden gewährleistet wird. Dazu gehört auch die Frage, ob eine zentrale oder dezentrale Entsorgung umweltfreundlicher ist. Ein weiteres großes Fragezeichen ist die Lebensdauer der Batterien. Diese Frage kann erst geklärt werden, wenn mehrere Lithium-Ionen-Batterien ihre Leistung verlieren und entsorgt werden (Vgl. Treffer 2013, S. 354; Becker et al. 2019).

Anwendung
Bei der Anwendung der Brennstoffzelle im öffentlichen Personennahverkehr wurde der Brennstoffzellen Bus A330 Fuel Cell Europe des belgischen Unternehmens Van Hool mit dem Batterie-Elektrobus S12 des deutsch-türkischen Unternehmens Sileo verglichen. Damit eine einheitliche Vergleichbarkeit erreicht werden kann, wurde eine beispielhafte Busstrecke von 41 km mit 55 Haltestellen beschrieben. Diese basiert auf einer existierenden Busstrecke, welche neben dem innerstädtischen Verkehr auch den ländlichen Verkehr beinhaltet. Anhand dieser Busstrecke wurde der Busbetrieb für beide Betriebsvarianten simuliert. In einem Betriebsjahr werden 25.098 Fahrten durchgeführt, was einer Gesamtstrecke von 1.029.014 km entspricht. Für beide Antriebsvarianten wurde die Nutzenergie berechnet, um anschließend den Verbrauch zu berechnen. Des Weiteren wurden alle Betriebskosten berechnet und anschließend, um die Wirtschaftlichkeit zu betrachten, in einer Gewinn- und Verlustrechnung und einer Bilanz auf 15 Jahre zusammengefasst. Neben der Wirtschaftlichkeit wurden die Betriebsvarianten auch ökologisch miteinander verglichen.

Der größte Unterschied, der sich herausgestellt hat, ist die Anzahl der benötigten Busse. Bei dem Betrieb mit Batterie-Elektrobussen werden insgesamt 15 Busse benötigt, während bei dem Betrieb mit Brennstoffzellen-Bussen nur 9 Busse benötigt werden. Die Gründe dafür liegen neben der unterschiedlichen Reichweite auch bei der Lade- bzw. Betankungszeit. Die Reichweite eines Batterie-Elektrobusses liegt ca. bei 200 km, die Reichweite eines Brennstoffzellen-Busses bei ca. 350 km. Die Ladezeit des Batterie-Elektrobusses dauert 4,8 h, während die Betankungszeit des Brennstoffzellen-Busses 12 min dauert. Damit der Busbetrieb ohne Verzögerungen funktionieren kann, werden demnach eine höhere Anzahl an Elektrobusse benötigt, da diese während des Ladebetriebs nicht verfügbar sind. Für die weitere Nutzung dieser Anwendungssimulation ist zu prüfen, ob es möglich ist eine größere Batterie zu verbauen, um eine höhere Reichweite zu erzielen und im besten Fall ebenfalls nur neun Busse zu betreiben. Durch eine größere Batterie würden jedoch auch mehr Rohstoffe und mehr Energie bei der Herstellung benötigt.

Für die ökologische Betrachtung wurden die Kohlenstoffdioxid und die Stickstoffoxid Emissionen während der Produktion und der Nutzungsphase betrachtet. Dabei spielt neben der höheren Anzahl der Busse auch die Energiequelle eine entscheidende Rolle. Für den Brennstoffzellenbetrieb wurde die Herstellung des Wasserstoffes emissionsfrei mittels Elektrolyseverfahren aus erneuerbaren Energien und nicht emissionsfrei mittels Dampfreformierungsverfahren betrachtet. Bei dem Betrieb mit Batterie-Elektrobussen wurde die emissionsfreie Energieerzeugung aus erneuerbaren Energien betrachtet und die Energieerzeugung aus dem deutschen Strom-Mix. Bei der Produktion wurde angenommen, dass in China mit dem dortigen Strom-Mix produziert wird. Die Emissionen der Produktion wurden auf 10 Jahre Nutzung verteilt. Bei der emissionsfreien Strom- bzw. Wasserstofferzeugung werden pro Jahr bei dem Batterie-Elektrobetrieb 35 t CO_2 und 20,5 kg NO_x ausgestoßen, bei dem Brennstoffzellen-Betrieb werden pro Jahr 6,6 t CO_2 und 3,9 kg NO_x ausgestoßen. Wird die Energie nicht emissionsfrei hergestellt, ergeben sich für den Batterie-Elektrobetrieb 736 t CO_2 und 628,8 kg NO_x pro Jahr. Für die nicht emissionsfreie Wasserstoffherstellung ergeben sich 679,7 t CO_2 und 10,7 kg NO_x pro Jahr. Der Betrieb mit den Brennstoffzellen-Bussen ist demnach rein ökologisch betrachtet absolut und relativ vorteilhafter, als der Betrieb mit den Batterie-Elektrobussen. Als Referenz wurden zusätzlich die Emissionswerte für den Betrieb mit Diesel-Bussen betrachtet, dabei wurden nur die Emissionen bei der Nutzung betrachtet, nicht die der Produktion. Pro Jahr erzeugt der Diesel-Bus 1256 t CO_2 und 808,38 kg NO_x. Ähnliche Verhältnisse haben sich bei den Feinstaub-Emissionswerten gezeigt.

Bei den Rohstoffen, die bei der Anwendung verbraucht werden, ist ein Vergleich sehr komplex. Dazu müsste der Prozesse der Rohstoffförderung noch tiefer durchleuchtet werden, um z. B. die Emissionen oder die verbrauchten Wassermengen miteinander zu vergleichen. Aufgrund des limitierten Umfangs dieser Arbeit war diese detaillierte Betrachtung nicht möglich. Um trotzdem die Rohstoffe beider Betriebsarten nicht außer Acht zu lassen, wurden die Werte für den Lithium- und den Platinverbrauch ermittelt. Für den Batterie-Elektrobetrieb werden 517,5 kg Lithium verbraucht, bei dem Betrieb mit der Brennstoffzelle sind es 35 kg Lithium und 540 g Platin. Hinzukommen weitere Rohstoffe wie Graphit, Kobalt und Kupfer, die benötigten Mengen sind nicht bekannt.

Die wirtschaftliche Betrachtung beider Betriebsvarianten basiert auf vielen Annahmen und ist somit sehr kritisch zu betrachten. Jedoch wurden alle Annahmen für beide Varianten im gleichen Maße getroffen, sodass eine Vergleichbarkeit besteht. Die Investitionskosten für den Brennstoffzellen-Betrieb liegen bei 5.313.000 EUR. Für den Batterie-Elektrobetrieb wurden 5.812.500 EUR Investitionskosten berechnet. Dieser Unterschied ist auf die höhere Anzahl der benötigten Busse zurückzuführen. Die Kosten bei der gleichen Anzahl von Bussen belaufen sich auf 3.502.500 EUR. Die Kosten für den Wasserstoff sind pro Jahr um 65,42 % höher als die Kosten für den Strom. Im ersten Jahr ist der EBIT des Batterie-Elektrobetriebs um 139,7 % höher als der EBIT des Brennstoffzellen-Betriebs. Nach 15 Jahren liegt der Unterschied nur noch bei 48,04 %. Beide Betriebsvarianten sind rentabel. Der ROCE (Return on Capital Employed) des Brennstoffzellen-Betriebs liegt im ersten Jahr bei 2,9 % und beim Batterie-Elektrobetrieb bei 4,1 %. Beide Kennzahlen nehmen über den Betrachtungszeitraum von 15 Jahren stetig zu.

3.2   Fazit

Abschließend kann für die erstellte Beispielbusstrecke festgestellt werden, dass beide Betriebsvarianten zu empfehlen sind. Beide gehören der Elektromobilität an, welche sich auch in dieser Anwendung als ökologisch vorteilhaft gegenüber dem Verbrennungsmotor erwiesen hat. Rein ökologisch betrachtet, sollte der Betrieb mit Brennstoffzellen-Bussen erfolgen, wenn die Energie zu 100% aus erneuerbaren Energien erzeugt wird, da bei dieser Betriebsvariante über die gesamte Wertschöpfungskette sowohl weniger CO_2- und NO_X- als auch Feinstaub-Emissionen erzeugt werden. Da in den meisten Anwendungsfällen der für die Wasserstoffproduktion benötigte Strom bzw. Strommix unter Inkaufnahme von CO_2-Emissionen erzeugt wird, ist eine Einzelfallbetrachtung erforderlich, in der die grundsätzlichen Vorteile des Wasserstoffantriebs und dessen durch zweimalige Energiewandlung begründeter niedriger Gesamtwirkungsgrad abgewogen werden. Gleiches gilt für die Wirtschaftlichkeitsbetrachtung. Hier ist insbesondere darauf zu achten, dass die Reichweite von Elektrobussen ausreicht, um zusätzliche Ladezeiten oder der Einsatz der Reservebusse während der Betriebsstunden zu vermeiden. Darüber hinaus ist die Infrastrukturstrategie beim Busbetrieb zu berücksichtigen: Die Teilbespannung der Strecken mit Oberleitungen kann helfen, Batteriegrößen zu reduzieren und so die Effizienzvorteile von Batteriebussen beim Stromverbrauch zu nutzen. Für die praktische Umsetzung ist die Verfügbarkeit von Bussen mit reinem Batterie- oder Brennstoffzellenantrieb entscheidend; hier sind Batteriebusse momentan noch im Vorteil.

Durch den steigenden Bedarf an Brennstoffzellen und Wasserstoff sind auf allen Bereichen der Wertschöpfungskette Skaleneffekte zu erwarten. Des Weiteren sind Verbesserungen der Wirkungsgrade durch die Forschung und Entwicklung neuer Verfahren für die Produktion und für die Brennstoffzelle möglich. Die kritischen Verhältnisse in den Abbauländern der Rohstoffe dürfen dabei nicht außer Acht gelassen werden. Neue effizientere sowie umweltfreundlichere Abbauverfahren müssen entwickelt und exportiert werden. Dabei ist es wichtig, die jeweiligen Länder und deren Bevölkerung von den neuen Technologien profitieren zu lassen.

Wirtschaftliche Betrachtungen sollten in Zeiten des Klimawandels erweitert werden. Außer der rein finanziellen Betrachtungen der Investoren sollte das gesellschaftliche Interesse nicht außer Acht gelassen werden. Das trifft insbesondere auf den öffentlichen Personennahverkehr zu. Derzeit ist das gesellschaftliche Interesse in Deutschland sehr ökologisch geprägt. Die monetäre Betrachtung einer Investition ist um weitere ökologische Faktoren wie Emmissionswerte und Rohstoffmengen zu ergänzen. Bei einer tieferen Betrachtung der Supply Chain können aber auch weitere Faktoren wie z. B. Wasserverbräuche und Arbeitsbedingungen eine entscheidende Rolle spielen.

Was Sie aus diesem *essential* mitnehmen können

- Die Nutzung des Brennstoffzellen-Busses im ÖPNV ist sowohl wirtschaftlich als auch ökologisch vorteilhaft. Bei der Verwendung von Batterie-Elektrobussen wird eine höhere Rentabilität erreicht, jedoch ist diese Nutzung ökologisch belastender als bei dem Einsatz von Brennstoffzellen-Bussen.
- Auf allen Ebenen der Wertschöpfungskette muss berücksichtigt werden, welche ökologischen Folgen die Bearbeitung der Bauteile mit sich bringt. Um eine ökologisch nachhaltige Konstruktion der Bauteile sicherzustellen, ist darauf zu achten, dass diese möglichst einfach zu recyceln sind.
- Durch den steigenden Bedarf an Brennstoffzellen und Wasserstoff sind in allen Bereichen der Wertschöpfungskette Skaleneffekte zu erwarten. Des Weiteren sind Verbesserungen der Wirkungsgrade durch die Forschung und Entwicklung neuer Verfahren für die Produktion und die Brennstoffzelle zu erwarten.

Zum Weiterlesen

Klell, M./Eichlseder, H./Trattner, A. (2018): Wasserstoff in der Fahrzeugtechnik. Erzeugung, Speicherung, Anwendung, Wiesbaden: Springer Vieweg.

Belmer, F./Bensmann, B./Brandt, T., et al. (2019): Brennstoffzellen- und Batteriefahrzeuge. Bedeutung für die Elektromobilität. VDI/VDE Studie, Düsseldorf.

Stahl, H./Bauknecht, D./Hermann, A., et al. (2016): Ableitung von Recycling- und Umweltanforderungen und Strategien zur Vermeidung von Versorgungsrisiken bei innovativen Energiespeichern, Freiburg.

Becker, J./Beverungen, D./Winter, M., et al. (Hrsg.) (2019): Umwidmung und Weiterverwendung von Traktionsbatterien, Wiesbaden: Springer Fachmedien Wiesbaden.

Adolf, J./Balzer, C./Louis, J., et al. (2017): Shell Wasserstoffstudie Energie der Zukunft? Nachhaltige Mobilität durch Brennstoffzelle und H2, Hamburg.

Literatur

Adolf, J./Balzer, C./Louis, J., et al. (2017): Shell Wasserstoffstudie Energie der Zukunft? Nachhaltige Mobilität durch Brennstoffzelle und H2, Hamburg.

Al Barazi, S./Näher, U./Vetter, S., et al. (2017): Kobalt aus der DR Kongo – Potenziale, Risiken und Bedeutung für den Kobaltmarkt, Hannover.

Allgemeine Deutsche Automobil-Club e. V (2019): Pro & Contra: Fakten zur Elektromobilität. URL: https://www.adac.de/rund-ums-fahrzeug/e-mobilitaet/info/elektroauto-pro-und-contra/. Abruf am 04.10.2019.

Amnesty International Ltd. (2017): Time to recharge: Corporate Action and Inaction to tackle abuses in the cobalt supply chain, London.

Arlt, W./Obermeier, J./Schuster, K., et al. (2017): Wasserstoff und Speicherung im Schwerlastverkehr. Machbarkeitsstudie 2017.

Badadur, A./Leifkler, M./Lincoln, S. (2018): Edles Metall-Unwürdiger Abbau. Platin aus Südafrika und die Verantwortung deutscher Unternehmen, Berlin.

Ballard Power Systems Inc. (o. J.): Fuel Cell Power Products | Fuel Cell Solutions | Ballard Power. URL: https://www.ballard.com/fuel-cell-solutions/fuel-cell-power-products. Abruf am 11.01.2020.

Bastian, D./Brandenburg, T./Buchholz, P., et al. (2019): DERA-Rohstoffliste 2019, Berlin.

Becker, J./Beverungen, D./Winter, M., et al. (Hrsg.) (2019): Umwidmung und Weiterverwendung von Traktionsbatterien, Wiesbaden: Springer Fachmedien Wiesbaden.

Belmer, F./Bensmann, B./Brandt, T., et al. (2019): Brennstoffzellen- und Batteriefahrzeuge. Bedeutung für die Elektromobilität.

Bernhart, W. (2019): Recycling von Lithium-Ionen-Batterien im Kontext von Technologie- und Preisentwicklungen, in: ATZ Elektron 14, 1–2, S. 38–43.

Bertram, M./Bongard, S. (2014): Elektromobilität im motorisierten Individualverkehr. Grundlagen, Einflussfaktoren und Wirtschaftlichkeitsvergleich, Wiesbaden: Springer Vieweg.

Beverungen, D./Menne, S./Nowak, S., et al. (2019): Einführung in die Umwidmung und Weiterverwendung von Traktionsbatterien, in: Becker, J., et al. (Hrsg.): Umwidmung und Weiterverwendung von Traktionsbatterien, Wiesbaden: Springer Fachmedien Wiesbaden, S. 1–20.

Bodner, M./García, H. R./Steenberg, T., et al. (2019): Enabling industrial production of electrodes by use of slot-die coating for HT-PEM fuel cells, in: International Journal of Hydrogen Energy 44, 25, S. 12793–12801.

Bonhoff, K. (2016): Supporting market ramp-up of hydrogen and fuel cell technologies, Zaragoza, Spanien.

Brinner, A./Schmidt, M./Schwarz, S., et al. (April/2018): Technologiebericht 4.1 Power-to-gas (Wasserstoff), Wuppertal, Karlsruhe, Saarbrücken.

Burkert, A. (2018): Effizientes Recyceln von Traktionsbatterien, in: ATZ Automobiltech Z 120, 9, S. 10–15.

Deutscher Wetterdienst (o. J.): Wetter und Klima – Deutscher Wetterdienst – Glossar – L – Luftdichte. URL: https://www.dwd.de/DE/service/lexikon/Functions/glossar.html?lv2=101518&lv3=607748. Abruf am 10.12.2019.

Die Bundesregierung: Nationaler Entwicklungsplan Elektromobilität der Bundesregierung.

Dudenhöffer, F. (2019): Das Batterieauto ist die Zukunft, in: Wirtschaftsdienst 99, 4, S. 230–231.

Duesenfeld GmbH (2019): Duesenfeld | Effizienz im Recycling von Lithium-Ionen Hochvoltenergiespeicher. URL: https://www.duesenfeld.com/effizienz.html. Abruf am 03.12.2019.

Energieagentur.NRW (2019): Brennstoffzellentypen und ihr Entwicklungsstand. URL: https://www.energieagentur.nrw/brennstoffzelle/brennstoffzelle-wasserstoff-elektromobilitaet/brennstoffzellentypen#PEMFC. Abruf am 11.12.2019.

Europäischer Wirtschafts- und Sozialausschuss (2011): Stellungnahme des Europäischen Wirtschafts- und Sozialausschusses zu der Mitteilung der Kommission an das Europäische Parlament, den Rat, den Europäischen Wirtschafts- und Sozialausschuss und den Ausschuss der Regionen Grundstoffmärkte und Rohstoffe: Herausforderungen und Lösungsansätze, Brüssel.

European Battery Alliance (2018): Strategic action plan for batteries. Europe on the move, Sustaiable Mobility for Europe: safe, connected and clean, Brüssel.

Evangelisti, S./Tagliaferri, C./Brett, D. J.L., et al. (2017): Life cycle assessment of a polymer electrolyte membrane fuel cell system for passenger vehicles, in: Journal of Cleaner Production 142, S. 4339–4355.

Frankel, T. C./Whoriskey, P. (2016): Tossed aside in the "White Gold" Rush. Indiegenous people are left poor as tech world takes lithium from under their feet. URL: https://www.deutsche-rohstoffagentur.de/DERA/DE/Downloads/Studie_lithium_2017. pdf;jsessionid=6A02198F90BB70A608EAFA61F97BB7AD.1_cid284?__ blob=publicationFile&v=3. Abruf am 10.11.2019.

Gu, B./Tan, X./Zeng, Y., et al. (2015): CO_2 Emission Reduction Potential in China's Electricity Sector: Scenario Analysis Based on LMDI Decomposition. The 7th international Conference on Applied Energy ICAE 2015.

H2 Mobility Deutschland GmbH & Co.KG (2019): H2.LIVE: Wasserstoff Tankstellen in Deutschland & Europa. URL: https://h2.live/. Abruf am 02.12.2019.

Hawranke, D./Wagner, W. (2014): Autoindustrie Das Henne-Ei-Problem, in: Der Spiegel, 2014. URL: https://www.spiegel.de/spiegel/print/d-130335564.html. Abruf am 08.01.2020.

Hensolt, A. (2019): Autos mit Wasserstoffantrieb – Die vernachlässigte Alternative. URL: https://www.deutschlandfunkkultur.de/autos-mit-wasserstoffantrieb-die-vernachlaessigte.976. de.html?dram:article_id=442793. Abruf am 08.01.2020.

Hofmann, P. (2014): Hybridfahrzeuge. Ein alternatives Antriebssystem für die Zukunft, Wien: Springer.

Hoyer, C. (2015): Strategische Planung des Recyclings von Lithium-Ionen-Batterien aus Elektrofahrzeugen in Deutschland. Zugl.: Braunschweig, Techn. Univ., Diss., 2015, Wiesbaden, s.l.: Springer Fachmedien Wiesbaden.

Jerez Henríquez, B. (2018): mpacto socioambiental de la extracción de litio en las cuencas de los salares altoandinos del Cono Sur. Santiago de Chile.

Kampker, A./Hohenthanner, C.-R./Deutskens, C., et al. (2013a): Fertigungsverfahren von Lithium-Ionen-Zellen und -Batterien, in: Korthauer, R. (Hrsg.): Handbuch Lithium-Ionen-Batterien, Berlin, Heidelberg: Springer Vieweg, S. 237–247.

Kampker, A./Vallée, D./Schnettler, A. (2013b): Elektromobilität. Grundlagen einer Zukunftstechnologie, Berlin, Heidelberg: Springer.

Klell, M./Eichlseder, H./Trattner, A. (2018): Wasserstoff in der Fahrzeugtechnik. Erzeugung, Speicherung, Anwendung, Wiesbaden: Springer Vieweg.

Knote, T./Haufe, B./Saroch, L. (2017): E-Bus-Standard. Ansätze zur Standardisierung und Zielkosten für Elektrobusse, Dresden.

Komarnicki, P./Haubrock, J./Styczynski, Z. A. (2018): Elektromobilität und Sektorenkopplung. Infrastruktur- und Systemkomponenten, Berlin: Springer Vieweg.

Korthauer, R. (Hrsg.) (2013): Handbuch Lithium-Ionen-Batterien, Berlin, Heidelberg: Springer Vieweg.

Krieg, D. (2012): Konzept und Kosten eines Pipelinesystems zur Versorgung des deutschen Straßenverkehrs mit Wasserstoff. Zugl.: Aachen, Techn. Hochsch., Diss., 2012, Jülich: Forschungszentrum Jülich.

Kurzweil, P./Dietlmeier, O. (2018): Elektrochemische Speicher. Superkondensatoren, Batterien, Elektrolyse-Wasserstoff, rechtliche Rahmenbedingungen, Wiesbaden: Springer Vieweg.

Laaser, C.-F. (2009): Wettbewerb im Verkehrswesen. Chancen für eine Deregulierung in der Bundesrepublik, Kiel, Hamburg: ZBW – Deutsche Zentralbibliothek für Wirtschaftswissenschaften, Leibniz-Informationszentrum Wirtschaft.

Lauerer, M. (2018): Lithium: Abbau und Gewinnung – Umweltgefahren der Lithiumförderung. Alle sprechen über Lithium. Doch während Bergbaufirmen und Investoren feiern, leidet die Umwelt. Denn der Abbau greift massiv in die Ökosysteme ein. URL: https://edison.handelsblatt.com/erklaeren/lithium-abbau-und-gewinnung-umweltgefahren-der-lithiumfoerderung/23140064.html. Abruf am 05.10.2019.

Leifkler, M./Lincoln, S./Saenger, K., et al. (2018): Das weiße Gold. Umwelt- und Sozialkonflikte um den Zukunftrohstoff Lithium.

Leiva, L. (2017): Wie stark belastet die Batterieherstellung die Ökobilanz von Elektroautos? URL: https://www.energie-experten.ch/de/mobilitaet/detail/wie-stark-belastet-die-batterieherstellung-die-oekobilanz-von-elektroautos.html. Abruf am 12.12.2019.

Linde Gas GmbH (o. J.): Rechnen Sie mir Wasserstoff. Die Datentabelle.

Ludwig-Bölkow-Systemtechnik (2019): Hydrogen Refuelling Stations Worldwide. URL: https://www.netinform.de/h2/h2stations/h2stations.aspx. Abruf am 28.11.2019.

Marie-Louise Niggemeier/Fabian Huneke/Carlos Perez Linkenheil, et al.: Erneuerbar in allen Sektoren.

März, O. (2019): Lithium und Kobalt in Elektroauto-Akkus: Alle Infos – EFAHRER. URL: https://efahrer.chip.de/news/lithium-und-kobalt-in-elektroauto-akkus-alle-infos-1_101116. Abruf am 12.12.2019.

McCartney, J. (2010): Assessing hydrologic impacts of potassium/lithium extraction from salt flats.

Meyer, C. (2018): Batterien für E-Autos: Fünf Fakten zu Lithium und Kobalt. URL: https://www.zdf.de/nachrichten/heute/batterien-fuer-e-autos-fuenf-fakten-zu-lithium-und-kobalt-100.html. Abruf am 26.11.2019.

Michalski, M./Altmann, M./Bünger, U., et al. (2019): Wasserstoffstudie Nordrhein-Westfalen. Eine Expertiese für das Ministerium für Wirtschaft, Innovation, Digitalisierung und Energie des Landes Nordrhein-Westfalen, Düsseldorf.

Muchna, C./Brandenburg, H./Fottner, J., et al. (2018): Grundlagen der Logistik. Begriffe, Strukturen und Prozesse, Wiesbaden: Springer Gabler.

Nendwich, W. (2009): Die Brennstoffzelle in der Region Stuttgart – Analyse und Ausbau der Wertschöpfungsketten.

o. V. (2019): Brennstoffzellen-Linienbus. URL: https://infoportal.mobil.nrw/technik/busse-mit-elektrischem-antrieb/brennstoffzellen-linienbus.html. Abruf am 08.01.2020.

Ott, S./Orfanidi, A./Schmies, H., et al. (2019): Ionomer distribution control in porous carbon-supported catalyst layers for high-power and low Pt-loaded proton exchange membrane fuel cells, in: Nature materials 19, 1, S. 77–85.

Pehnt, M./Nitsch, J. (2000): Ökobilanz und Markteintritt von Brennstoffzellen im mobilen Einsatz, Dresden.

Pioch, P./Aigle, T./Jörissen, L. (2008): Brennstoffzellen Grundlagen. Aufbau und Funktion, Ulm.

Plenter, F./Menne, S./Hindersmann, C., et al. (2019): Szenarien und Geschäftsmodelle für die Vermarktung umgewidmeter Traktionsbatterien, in: Becker, J., et al. (Hrsg.): Umwidmung und Weiterverwendung von Traktionsbatterien, Wiesbaden: Springer Fachmedien Wiesbaden, S. 179–258.

Pychal, M./Sucky, E. (2018): Wasserstoff-basierte Mobilität – Konzeptionierung einer nachhaltigen Supply Chain 2018.

Quass, U./John, A. C./Beyer, M., et al. (2008): Ermittlung des Beitrages von Reifen-, Kupplungs-, Brems- und Fahrbahnabrieb an den PM 10-Emissionen von Straßen, Bergisch Gladbach.

Richter, S./Roon, S. von (2004): Brennstoffzellensysteme für mobile Kleingeräte. Technikbewertung und Umwelteffekte, München.

RVK GmbH (2019): Fahrplan der Linie 260. URL: https://ekapweb.vrs.de/uploads/tx_ekap/linien/mini-fahrplan/2019_260-260.pdf?1567996749. Abruf am 06.11.2019.

Schmidt, M. (2017): Rohstoffrisikobewertung – Lithium. DERA Rohstoffinformation Nr. 33, Berlin.

Schumacher, T. (2011): Vertikale Integration im Erdgasmarkt, Wiesbaden: Gabler.

Seidler, C./Schütte, P. (2019): Kobalt aus dem Kongo: Hier sterben Menschen für unsere Akkus. URL: https://www.spiegel.de/wissenschaft/mensch/kobalt-aus-dem-kongo-hier-sterben-menschen-fuer-unsere-e-autos-a-1291533.html. Abruf am 26.11.2019.

Seiwert, M. (2019): IAA: VW-Chef Herbert Diess über Wasserstoff-Autos: „Das ist einfach Unsinn". URL: https://www.wiwo.de/unternehmen/auto/iaa2019/iaa-vw-chef-herbert-diess-ueber-wasserstoff-autos-das-ist-einfach-unsinn-/25009062.html. Abruf am 05.10.2019.

Sileo GmbH (o. J): Sileo_E-Bus_Datenblatt_S12_2016. URL: https://www.sileo-ebus.com/fileadmin/user_upload/service/download/datenblaetter/Sileo_E-Bus_Datenblatt_S12_2016.pdf. Abruf am 07.11.2019.

Simon, R. (2013): Aufbau einer Fabrik zur Zellfertigung, in: Korthauer, R. (Hrsg.): Handbuch Lithium-Ionen-Batterien, Berlin, Heidelberg: Springer Vieweg.

Stahl, H./Bauknecht, D./Hermann, A., et al. (2016): Ableitung von Recycling- und Umweltanforderungen und Strategien zur Vermeidung von Versorgungsrisiken bei innovativen Energiespeichern, Freiburg.

Staude, L. (2019): Kobaltabbau im Kongo – Der hohe Preis für Elektroautos und Smartphones. URL: https://www.deutschlandfunk.de/kobaltabbau-im-kongo-der-hohe-preis-fuer-elektroautos-und.724.de.html?dram:article_id=454818. Abruf am 26.11.2019.

Streetscooter GmbH: Geschichte des Unternehmens. URL: https://www.streetscooter.com/de/mission/. Abruf am 03.10.2019.

Teledyne Energy Systems | DirectIndustry: Pem-Brennstoffzelle. URL: https://www.directindustry.de/prod/teledyne-energy-systems/product-22281-2026251.html. Abruf am 09.12.2019.

Treffer, F. (2013): Lithium-Ionen-Batterie-Recycling, in: Korthauer, R. (Hrsg.): Handbuch Lithium-Ionen-Batterien, Berlin, Heidelberg: Springer Vieweg, S. 345–355.

Trifferer, D. (2019): Ein Denkanstoß zur Veränderung der (Im)mobilität, in: Börsen-Zeitung, 18.09.2019: B10. URL: https://www.boersen-zeitung.de/index.php?li=1&artid=2019179803&titel=Ein-Denkanstoss-zur-Veraenderung-der-(Im)mobilitaet. Abruf am 01.10.2019.

U.S. Geological Survey (2019a): Cobalt Statistics and Information.

U.S. Geological Survey (2019b): Graphite (Natural).

U.S. Geological Survey (2019c): Platinum-Group Metals.

U.S. Geological Survey (2019d): U.S. Geological Survey, Copper Mineral Commodity.

Umweltbundesamt (2019): CO_2 Emissionen pro Kilowattstunde Strom sinken weiter. URL: https://www.umweltbundesamt.de/themen/co2-emissionen-pro-kilowattstunde-strom-sinken. Abruf am 28.12.2019.

Van Hool NV (2018): 2018_Datenblatt_Van_Hool. URL: https://www.rvk.de/fileadmin/images/Null_Emissio/2018_Datenblatt_Van_Hool.pdf. Abruf am 07.11.2019.

Vollmer, P. (2019a): Deutsche Lithium-Förderer: „Wir wollen nachhaltig abbauen". URL: https://edison.media/erleben/deutsche-lithium-foerderer-wir-wollen-nachhaltig-abbauen/24067586.html. Abruf am 20.11.2019.

Vollmer, P. (2019b): Lithium aus Lateinamerika: Umweltfreundlicher als gedacht. URL: https://edison.media/erklaeren/lithium-aus-lateinamerika-umweltfreundlicher-als-gedacht/24022826.html. Abruf am 20.11.2019.

Weber, W. (2019): Das Leben nach dem E-Auto: sicheres Batterie-Recycling, in: Springer VDI-Verlag GmbH (Hrsg.): UmweltMagazin. Das Entscheider-Magazin für Technik und Management, Düsseldorf, Würzburg, Düsseldorf: VDI Fachmedien; Vogel; Springer-VDI-Verlag, S. 19–20.

Wietschel, M./Bünger, U./Weindorf, W. (2010): Vergleich von Strom und Wasserstoff als CO_2-freie Energieträger, Karlsruhe.

Willert, A./Meuser, C./Mitra, K. Y., et al. (2019): Druckprozesse als gezielte und innovative Fertigungsmethode von katalytischen Brennstoffzellenschichten, Chemnitz.

Wunderlich-Pfeiffer, F. (2015): Wann geht uns das Lithium für Elektroautos aus? URL: http://scienceblogs.de/wasgeht/2015/08/20/wenn-geht-uns-das-lithium-fuer-elektroautos-aus/#comments. Abruf am 12.12.2019.

Zheng, X. (2018): A Mini-Review on Metal Recycling from Spent LithiumIon Batteries.

Printed in the United States
By Bookmasters